HAMBURGISCHE LEBENSBILDER

Herausgegeben im Auftrag des
Vereins für Hamburgische Geschichte
von Sigrid Schambach
Band 25

Jürgen Overhoff

Johann Bernhard Basedow
(1724–1790)

Aufklärer, Pädagoge, Menschenfreund

Eine Biografie

WALLSTEIN VERLAG

Veröffentlicht mit Unterstützung
der Hamburgischen Wissenschaftlichen Stiftung

Hamburgische
Wissenschaftliche
Stiftung

Bibliografische Information der Deutschen Nationalbibliothek
Die Deutsche Nationalbibliothek verzeichnet diese
Publikation in der Deutschen Nationalbibliografie;
detaillierte bibliografische Daten sind im Internet
über http://dnb.d-nb.de abrufbar.

www.wallstein-verlag.de
Umschlaggestaltung: Susanne Gerhards, Düsseldorf,
unter Verwendung folgender Abbildungen:
(oben) Brustbild des Johann Bernhard Basedow. Rötel und Pinsel in Rot,
Bleistift. Zeichnung von Daniel Nikolaus Chodowiecki, um 1773./
(Mitte) Johann Bernhard Basedow im philanthropischen
Anschauungsunterricht. Kupfervignette von Friedrich Roßmäßler, 1782.

Druck: Hubert & Co, Göttingen

ISBN 978-3-8353-3619-3

Inhalt

Vorwort

Der Hamburger Pädagoge und Erziehungsschriftsteller Johann Bernhard Basedow (1724-1790) wurde von den fortschrittsorientierten Zeitgenossen im ausgehenden 18. Jahrhundert als einer der wichtigsten und führenden deutschen Aufklärer gefeiert. Zu seinen Bewunderern zählten so illustre Dichter und Philosophen wie Johann Wolfgang von Goethe und Immanuel Kant. Beide zeichneten ein heiteres und äußerst vorteilhaftes Bild von diesem unternehmungslustigen Mann und seinen kühnen pädagogischen Ideen und Taten. Doch schon ab dem frühen 19. Jahrhundert wurde dieser freundlichen Betrachtung ein ganz anderes, düsteres und tendenziöses Porträt gegenübergestellt, das die entschiedenen Gegner der Aufklärungspädagogik von Basedows Erziehungslehre und seinem Charakter zu malen begannen. Vor allem die Neuhumanisten und Vertreter eines philosophischen Idealismus, die sich von den Auswirkungen der Französischen Revolution und der anschließenden Besetzung Deutschlands durch Napoleons Truppen entsetzt zeigten, gaben den Aufklärern und ihren kosmopolitischen Erziehungsidealen eine erhebliche Mitschuld am fehlenden deutschen Nationalbewusstsein und an der daraus resultierenden mangelnden Wehrhaftigkeit des Vaterlandes.

So machte es der Philosoph Johann Gottlieb Fichte in seinen 1808 in Berlin gehaltenen »Reden an die Deutsche Nation« der Aufklärungsbewegung zum Vorwurf, »mit ausländischen Worten« die Prinzipien von »Humanität, Liberalität und Popularität« auch im Erziehungswesen eingeführt zu haben, die aber »richtiger in deutscher Sprache Schlaffheit und ein Betragen ohne Würde zu nennen« seien. Im selben Jahr machte auch der bayerische Schulrat Friedrich Immanuel Niethammer die Aufklärungspädagogik für den anarchischen Unernst der deutschen Jugend verantwortlich. In seiner großsprecherischen Kampfschrift »Der Streit des Philanthropinismus und Humanismus in der Theorie des Erziehungs-Unterrichts unsrer Zeit« erblickte er zwischen der von Basedow konzipierten und der von den Neuhumanisten entworfenen Bildungsphilosophie, die er persönlich favorisierte, einen unüberbrückbaren Gegensatz. Er sprach von der »Aufklärung als einer wahren Entgeistung der Nation«, als einer auch auf dem Gebiet der Erziehung unheilvollen Irrlehre. Niethammers Schrift, in der er der Aufklärungspädagogik ausdrücklich »den Krieg« erklärte, wurde im 19. Jahrhundert sowohl in Bayern als auch in Preußen stark rezipiert und führte in weiten Teilen Deutschlands zu einer dauerhaften Verunglimpfung und Verdrängung der aufklärerischen Erziehungsideale.

Erst spät in der zweiten Hälfte des 19. Jahrhunderts versuchte sich dann ein an der Aufklärungspädagogik wieder sehr viel stärker interessierter Wissenschaftler an der überfälligen Ehrenrettung des für lange Zeit geschmähten Basedow. In einem im Jahr 1875 für die »Allgemeine Deutsche Biographie« verfassten Artikel über Basedows Leben befand der in Oxford lehrende Polyhistor und Religionshistoriker Friedrich Max Müller, dass Basedow im Verlauf des 19. Jahrhunderts »viel zu hart und ungerecht beurtheilt« worden sei. Diesen Fehlurteilen müssten zukünftig gerechtere und sorgfältigere Interpretationen seines Wirkens gegenübergestellt werden. Der dann auch wirklich ausgeführte Versuch einer Neubewertung Basedows und seiner Vorstellung von einem guten und aufgeklärten Unterricht erfolgte bis heute im Wesentlichen in drei Etappenschritten.

In den Jahrzehnten vor und nach 1900, als die in diesem Zeitraum tonangebenden Reformpädagogen in den Traditionen der deutschen Bildungsgeschichte nach Vorläufern ihrer eigenen Erziehungsideale Ausschau hielten, geriet der Hamburger Aufklärer erneut in den Blick und wurde mit

Abb. 1: Der Basedow-Brunnen auf dem Schulhof des Johanneums in Hamburg

großer Sympathie betrachtet. Im Ergebnis führte das dazu, dass zwischen 1880 und 1920 die wichtigsten seiner Schriften neu ediert und interpretiert wurden, was gerade den reformpädagogisch orientierten Lehrplänen der Weimarer Republik sehr zugute kam. Aus dieser Zeit datiert auch der heute nur noch wenigen Hamburgern bekannte Basedow-Brunnen, der seit 1914 auf dem Schulhof der Gelehrtenschule des Johanneums in Winterhude mit einer Bronzeplakette an Basedow als Schüler der Anstalt erinnert. Alle hoffnungsvollen Ansätze dieser erneuten Wertschätzung Basedows machte dann der völkische Militärdrill der Nationalsozialisten nach 1933 wieder zunichte.

Ein zweiter Anlauf zur Rückbesinnung auf Basedow wurde im Jahrzehnt der Bildungsexpansion in den 1960er Jahren unternommen, als die Aufklärungspädagogik einen historischen Bezugspunkt für das moderne Versprechen von Chancengleichheit und Partizipation auch im schulischen Kontext bot. Die bis heute kompakteste Auswahl von Basedows Schriften, die der Würzburger Bildungshistoriker Albert Reble 1965 besorgte, datiert aus dieser Zeit. Schließlich wurden seit der Jahrtausendwende im Nachgang zum 1999 eingeleiteten Bolognaprozess und zur im Jahr 2000 erstmals durchgeführten PISA-Studie der OECD viele Universitäts-, Schul- und Bildungsreformer auf die Prämissen der Aufklärungspädagogik aufmerksam, von denen sie sich bei der Neustrukturierung des europäischen und deutschen Bildungssystems wichtige Anregungen versprachen. Innovative Studien widmeten sich in diesem Zusammenhang auch dem Aufklärer Basedow, dessen Pädagogik nun auf einer ganz neu erschlossenen und umfassenden Quellengrundlage eine überzeugende historische Einbettung erfuhr.

Das verzerrte Bild, das im frühen 19. Jahrhundert von Basedow gezeichnet wurde und das für lange Zeit die Sicht auf seine außerordentlichen Leistungen ganz verstellte, ist also mittlerweile entscheidend revidiert worden. Der aufklärerische Hamburger Erziehungsschriftsteller gilt jetzt sogar als einer der unumstrittenen »Klassiker der Pädagogik«, dem daher zwei in dieser Weise betitelte Sammelbände, die unlängst von den Erziehungswissenschaftlern Heinz-Elmar Tenorth und Klaus Zierer herausgegeben wurden, viel Raum gewähren. Doch gerade weil sein Nimbus heute wieder groß ist, verwundert es doch, dass in jüngster Zeit keine dem aktuellen Wissensstand Rechnung tragende Basedow-Biografie vorgelegt worden ist. Als seriöse Beiträge zu seiner Lebensgeschichte können eigentlich nur zwei ältere Titel angeführt werden. Gleich im ersten Jahr nach seinem Tod erschien 1791 eine Schrift aus der Feder eines seiner Weggefährten, Heinrich Rathmann, die nach wie vor lesenswert ist und wertvolles Material zu Basedows Lebensgang enthält; zu seinem 200. Geburtstag – im Jahr 1924 – legte dann Armin Basedow, ein evangelischer Pfarrer und direkter Nachfahre des Pädagogen, in der bildungshistorisch bedeutsamen Phase der Reformpädagogik vielfältige neue Beiträge,

Berichtigungen und Ergänzungen zu Leben und Werk seines prominenten Ahnen vor. Seither ist aber wieder ein ganzes Jahrhundert verstrichen, ohne dass die in diesem immensen Zeitraum gewonnenen neuen Einsichten und getätigten Quellenfunde dazu geführt hätten, eine zeitgemäße Lebensbeschreibung des großen Bildungsreformers hervorzubringen.

Es lohnt sich jedoch sehr, den Lebensgang Basedows auch aus heutiger Perspektive in seinem ganzen beeindruckenden Verlauf zu schildern, nicht zuletzt deswegen, um auf diese Weise einmal mehr über die Prozesse der Aufklärung zu reflektieren – bei gründlicher Betrachtung eines Jahrhunderts, das schon die Zeitgenossen als »unser pädagogisches Jahrhundert« bezeichneten. Die hier nun präsentierte neue Basedow-Biografie, die als Hamburgisches Lebensbild angelegt ist, füllt somit eine schon länger bestehende Leerstelle der Aufklärungsforschung aus.

Jürgen Overhoff

1. Prolog: »Man erstaunt und wird noch lange erstaunen über diese Wahrheit«

Basedows mutiges Eintreten für Toleranz in Schule, Staat und Gesellschaft

Für den jungen Johann Wolfgang Goethe war der Erziehungsschriftsteller und Bildungsreformer Johann Bernhard Basedow aus Hamburg ein Mann, dessen »große Geistesgaben«[1] vorbehaltlos zu bewundern waren, da er doch mit seinem intellektuellen Talent schon viele Menschen zu einer »frischeren Weltanschauung«[2] bekehrt hatte. Der Frankfurter Bürgersohn, der mit seinem verwegenen Jugenddrama »Götz von Berlichingen« soeben selbst ganz neue Wege der Bühnenkunst beschritten hatte, sah in dem um eine Generation älteren Pädagogen – im Augenblick ihrer ersten Bekanntschaft im Sommer des Jahres 1774 – einen Vorkämpfer der wichtigsten Prinzipien des 18. Jahrhunderts: Basedow trat für die Ideale der universalen Menschenliebe und der religiösen Toleranz ein – und zwar so radikal und unerschrocken wie nur wenige. Sein Lebensziel war es, in Deutschland eine ganz neuartige Lehranstalt zu errichten, eine Musterschule der Aufklärung, in der Kinder aus allen Nationen und Religionsgemeinschaften gemeinsam und gleichberechtigt lernen konnten.

Die Gründung dieser Schule, die Basedow als pädagogisches Labor und Keimzelle einer zur Aufklärung strebenden Gesellschaft verstanden wissen wollte, stand unmittelbar bevor, als Goethe den Hamburger Neuerer in seiner Vaterstadt am Main näher kennenlernte. Nach Frankfurt gekommen war Basedow im Rahmen einer ausgedehnten Vortragsreise. Zwar hatte der Hamburger zuvor schon in zahlreichen Zeitungsartikeln und vielgelesenen Büchern auf sein Schulprojekt verwiesen, doch nun wollte er auch noch in einer Reihe von Werbeveranstaltungen im lebendigen Gespräch überzeugen. Verweisen konnte er voller Stolz darauf, dass sich auch schon Franz von Anhalt-Dessau – ein deutscher Fürst, den Goethe als aufgeklärten Regenten lobte, der »durch sein Beispiel den übrigen vorleuchtete«[3] – für die Schulgründung ausgesprochen hatte. Fürst Franz hatte Basedow sogar ausdrücklich dazu eingeladen, die gewünschte »Schule der Menschenfreundschaft«, die gräzisiert Philanthropin heißen sollte, inmitten seiner eigenen Residenzstadt Dessau einzurichten. Eröffnet werden sollte das Dessauer Philanthropin an den Weihnachtstagen des Jahres 1774. Das verbleibende Halbjahr wollte Basedow nun nutzen, um genügend finanzkräftige Spender für die von ihm noch benötigten modernen Lehrmittel zu finden.

Basedow erläuterte seiner Frankfurter Zuhörerschaft, die aus honorigen Bürgern der alten Kaiser- und Reichsstadt sowie aus Adeligen aus dem hessischen Umland bestand, seine ausgereiften Erziehungspläne. Für seine Dessauer Lehranstalt wollte der Hamburger Schulmann ganz neuartige Schulbücher mit vielen schönen Kupferstichen ankaufen, außerdem noch leistungsstarke Mikroskope für den Gebrauch im Naturkundeunterricht sowie detailreiche Landkarten, mit denen im Fach Geographie gearbeitet werden sollte. Einen den Verstand und alle Sinne ansprechenden Anschauungsunterricht wollte Basedow etablieren, denn er glaubte, dass diese Form der Unterweisung der kindlichen Auffassungsgabe und Natur am ehesten entsprechen würde. Die von ihm energisch vorgetragene Forderung nach einer gründlichen und gut durchdachten Reform des schulischen Lernens quittierte man in Frankfurt – wie überall sonst in Deutschland – mit großem Beifall. Der allgemeinen Zustimmung schloss auch Goethe sich an, wenn er sich in folgender Weise über Basedow äußerte: »Daß er allen Unterricht lebendig und naturgemäß verlangte, konnte mir wohl gefallen.«[4]

Goethe hob in seiner Beschreibung von Basedows lebhafter Vortragstätigkeit aber auch hervor, dass der Hamburger Bildungsreformer seine spendenfreudige Zuhörerschaft mitunter gezielt vor den Kopf stieß. Dies geschah immer dann, wenn Basedow seine zunächst rein pädagogischen Betrachtungen thematisch breiter auffächerte und plötzlich ganz unverblümt auf unorthodoxe Meinungen »über religiöse Gegenstände«[5] zu sprechen kam. Goethe merkte wohl und bedauerte, dass der Pädagoge sich und seinen lobenswürdigen Absichten selbst im Weg stand, sobald das, was »in seinem Sinne höchst religiös« war, in den Ohren eines nicht geringen Teils des Publikums ganz im Gegenteil »höchst lästerlich« klang.[6] Um ansehnliche Beiträge für sein Dessauer Philanthropin einzufordern, um erst die Gemüter und dann die Geldbeutel der finanzkräftigen Frankfurter aufzuschließen, hätte sich Basedow bei kluger Vorgehensweise lieber aller religiösen Einlassungen enthalten sollen. Für Goethe ging Basedow strategisch ungeschickt vor. Eine gänzlich überflüssige Vermengung von pädagogischen und theologischen Ansichten, die viele Menschen verprellte, machte er ihm zum Vorwurf. Doch Basedow ließ sich von Goethes Einwänden nicht beirren, denn er erblickte – neben dem sinnlich spielerischen Anschauungsunterricht – im verbesserten Religionsunterricht den Kern aller freiheitlichen und milden Aufklärungspädagogik.

In seinen Schriften hatte er schon seit den 1750er Jahren immer wieder angemahnt, dass die Jugend in Deutschland im Rahmen ihrer religiösen Unterweisung allerorten zur Toleranz erzogen werden müsse, da man doch in einem gut verfassten Staat mit bis zu »zwanzig gleich privilegierten Religionen« durchaus »sehr ruhig und glücklich«[7] leben könne. Diese Forderung betraf in seinen Augen nicht nur das von ihm gewünschte Zusammenleben der verschiedensten christlichen Konfessionen. Auch die vor vielfältigen Bedrohungen »zitternden Juden« hätten als »mit Unrecht bedrängte, vom

Bürgerrecht ausgeschlossene«[8] Mitmenschen ein besseres Schicksal verdient. Sie müssten so rasch wie möglich die vollkommene bürgerliche Gleichstellung erhalten, was auch allen Jugendlichen frühzeitig vermittelt und erklärt werden solle.

Doch in Frankfurt, wo es im Jahr 1774 noch ein Ghetto gab, in dem die jüdischen Bewohner der Stadt auf engstem Raum zusammengedrängt waren, wurde die Forderung nach Gleichstellung der Juden nicht gerne gehört. Noch 1769 hatte der Frankfurter Rat eine Petition der Juden, ihre Gasse am Sonntagnachmittag verlassen zu dürfen, mit großer Entschiedenheit und Entrüstung zurückgewiesen. Schon das Gesuch betrachtete der Rat als ungebührlichen Versuch der Juden, sich den Christen gleichzusetzen. Goethe erinnerte sich in seinen Memoiren bedrückt an den üblen »Zustand der Judenstadt, eigentlich die Judengasse genannt«, weil sie kaum aus etwas mehr als einer einzigen Straße bestand, »welche in frühen Zeiten zwischen Stadtmauer und Graben wie in einen Zwinger mochte eingeklemmt worden sein«; das Gewimmel der darin eingepferchten Einwohner »machte den unangenehmsten Eindruck, wenn man auch nur am Tore vorbeigehend hineinsah«.[9] Erst in der Zeit nach der Französischen Revolution wurde dieses Ghetto aufgelöst – viele Jahrzehnte nach Basedows wortreichem Eintreten für die bürgerliche Gleichstellung der Juden.

Ganz außergewöhnlich war auch Basedows Werben für ein völlig gleichberechtigtes Wirken aller anderen Weltreligionen, die im späten 18. Jahrhundert noch kaum mit eigenen Gemeinden in Deutschland vertreten waren. Der Hamburger Pädagoge konnte sich gut ein freies und offenes Religionsgespräch vorstellen, in welchem Muslime, Buddhisten oder auch Hindus mit den Christen und Juden über ihren jeweiligen Glauben disputierten, um sich gegenseitig dabei zu helfen, den besten Weg zur frömmsten und gerechtesten Lebensführung zu finden. Die Deutschen dürften sich »nicht weigern«, schrieb er schon 1766, »braminische, chinesische, mahomedanische und andre mißionarien an uns in unserem Lande zu dulden«, jedenfalls solange diese »keine friedensstörerische Mittel« anwendeten – auch dürfe man eine solche wünschenswerte Vielfalt von Andersgläubigen »weder verfolgen, noch von bürgerlichen Vorrechten ausschließen«.[10] Dass Basedow mit derartigen Forderungen seiner Zeit weit voraus war, wusste er selbst allerdings nur zu gut. So stellte er mit Blick auf sein Einfordern einer radikalen Toleranz illusionslos fest: »Man erstaunt und wird noch lange erstaunen über diese Wahrheit.«[11]

Basedow kalkulierte auf seiner Vortragsreise am Main also bewusst auch Streit ein, weil er davon überzeugt war, dass eine Gesellschaft nur durch öffentlich auftretende und unbequeme Vordenker zu einer wirklich freien Lebensweise bewogen und ermuntert werden konnte. Ihm schien es als Redner und Schriftsteller eine durch Anstand und Gewissen gebotene Pflicht zu sein, im Staat für eine auch in den Schulen zu vermittelnde religiöse Toleranz einzutreten – selbst wenn man dafür im Ergebnis von einem Teil der Bevölkerung als unorthodoxer Ketzer gescholten werden sollte. Schließlich habe sich in der Geschichte der Menschheit doch einzig und allein das mutige Auftreten von fortschrittlichen Geistern als probates Mittel erwiesen, »wodurch starke Irrthümer, welche autorisirt sind und sich durch obrigkeitliche Gewalt schützen, wenigstens nach und nach geschwächt und endlich abgeschafft werden können«.[12] Einer wie er musste einfach den Anfang machen.

Auch wenn der junge Goethe den älteren Basedow wegen seines provokanten Auftretens für undiplomatisch hielt, inhaltlich pflichtete er ihm doch insgeheim auf der ganzen Linie bei. Nur wenige Monate vor seiner inspirierenden Begegnung mit Basedow hatte der Frankfurter Dichter – unter strikter Wahrung seiner Anonymität – einen fingierten Brief eines fiktiven Pastors veröffentlicht, den er als

Abb. 2: Die Göttin der Weisheit schützt alle Religionen. Kupferstich von Daniel Nikolaus Chodowiecki, 1791

Plädoyer für die öffentliche Duldung der unterschiedlichsten religiösen Meinungen verstanden wissen wollte. In dieser kleinen Schrift setzte sich Goethe für die Beachtung einer umfassenden »Toleranz« ein, die er eindringlich als die wichtigste »Losung« seiner nach Aufklärung dürstenden Epoche kennzeichnete, als eine Maxime zumal, die sich unter den »besseren Köpfen und Geistern« zwar schon einigermaßen Geltung verschafft hatte, die nun aber auch in der ganzen Gesellschaft dringend mehrheitsfähig werden musste.[13] Unter diesen besten Köpfen und Geistern des Landes ragte der Hamburger Erziehungsschriftsteller Basedow als einer der Klügsten hervor.

Für Goethe hatten überdies die neckende Ader, das kecke Auftreten und der forsche Umgangston des Pädagogen ihren ganz eigenen Reiz. Der Dichter hielt Basedow mit seinen kohlschwarzen Augen, die »unter struppigen Augenbrauen«[14] hervorblinkten, nicht nur für blitzgescheit, sondern auch für höchst unterhaltsam. Sein raues und heftiges »Lachen«[15], mit dem er seine oftmals schnelle Rede würzte, wirkte jedenfalls ansteckend und erschütterte auch Goethes Zwerchfell ein ums andere Mal. Basedow verfüge, befand er, über »einen sehr erfreulichen Humor«.[16] So angetan war der Jüngere vom Schwung des Älteren, dass er sich dazu entschloss, mit diesem energiegeladenen Mann auf einer Wasserfahrt vom Main aus den Rhein stromabwärts bis zur unteren Lahn in den Kur- und Badeort Ems zu reisen, wo Basedow sich ein wenig von den Strapazen seiner Werbetour erholen wollte. Dann und wann griff Basedow auf dieser Flussfahrt selbst zum Ruder und Goethe dichtete launig: »Wir werden nun recht gut geführt, weil Baßedow das Ruder rührt.«[17]

Am 26. Juli 1774, ihrem Ankunftstag, wurden die Namen der beiden Männer ganz offiziell in die mit Sorgfalt angefertigte »Liste derer Brunnengäste zu Embs« eingetragen: Aufgeführt wurden im umfangreichen Gästeverzeichnis nacheinander »Herr Professor Bassedow, aus Dessau« und

Abb. 3: Johann Wolfgang Goethe. Kupfervignette nach einer Zeichnung von Georg Friedrich Schmoll, 1774

»Herr Doctor Göddee, aus Frankfurt«.[18] Die zahlreichen erhaltenen Berichte über Basedows und Goethes gemeinsamen Kuraufenthalt an der Lahn sind eine gleichermaßen aufschlussreiche wie herzerfrischende Lektüre. Es wird darin viel von einer heiter-beschwingten Sommerlaune sichtbar. Übermütige Witzeleien und gelehrte Gespräche folgten im Wechsel aufeinander. Einerseits trieben die beiden Urlauber mit anderen Kurgästen – darunter auch der Schweizer reformierte Pfarrer Johann Caspar Lavater und der schwäbische Künstler Georg Friedrich Schmoll – nach Belieben ihren Spott: »Basedow und ich«, erinnerte sich Goethe später, »schienen zu wetteifern, wer am unartigsten sein könnte.«[19] Zugleich verbrachten sie die Abendzeit nach dem Dunkel-

Abb. 4: Johann Bernhard Basedow. Kupfervignette nach einer Zeichnung von Georg Friedrich Schmoll, 1774

werden immer bis tief in die Nacht in Basedows Zimmer, um »über jedes Problem zu sprechen und zu disputiren«[20], also wirklich über Gott und die Welt. Goethe saugte die Gedanken des Schulreformers förmlich in sich auf, er wollte sich an diesem fortschrittlichen Mann bilden. Denn dieser vermochte, wie Goethe neidlos einräumte, »meinem Geiste wieder neue Anregung« zu verschaffen, weil doch »Basedow viel belesener« war als der zwar ambitionierte, aber eben noch sehr junge Dichter selbst.[21]

Goethe zeigte sich täglich aufs Neue überrascht davon, wie wissbegierig und lernwillig Basedow im fortgerückten Alter noch immer war. In seinem ungebremsten Lerneifer war er dem Jüngeren ein leuchtendes Vorbild. In einer Zeit,

Abb. 5: Schwimmen und Baden im Fluss.
Kupferstich von Daniel Nikolaus Chodowiecki.
Abbildung aus Basedows »Elementarwerk«, 1774

in der nur die allerwenigsten Menschen schwimmen konnten, hatte es sich der Pädagoge in Ems in den Kopf gesetzt, diese seltene Kunst in den Tagen seines Kuraufenthaltes zu erlernen. Und es gelang ihm spielend. Zunächst behalf er sich bei seinen ersten Schwimmversuchen mit einer in England gefertigten und mit Kork gefüllten Schwimmweste, die er aber schon nach kurzer Zeit, als er die Schwimmbewegungen beherrschte, vollends abstreifte. Am 11. August 1774 verschickte er an den Kurarzt Dr. Johann Kämpf eine Erfolgsnachricht. Das kleine Billett, das die entsprechende Mitteilung enthält, unterschrieb Basedow mit dem nur knappen, aber von einigem Stolz kündenden Satz: »Embsbad, wo ich auch schwimmen im 50sten Jahre gelernt habe.«[22] Der erfreute Badearzt Dr. Kämpf teilte einem Bekannten dieses Ereignis dann einige Tage später in einem detaillierten Bericht mit. Das Schwimmen habe Basedow in Ems »vermittels des Englischen Kurkjacks«[23] gelernt. »Eine kindische Freude« habe er damit gehabt, so dass er zuletzt »ohne Jack wie eine Ente im Bade« herumgeschwommen sei.[24] Mit Blick auf Basedows unorthodoxe religiöse Meinungen, die offenbar jedermann bekannt waren, ergänzte der Mediziner dann noch mit mildem Spott: »Ein Mann, der so viele Ketzereyen im Leib hat, kann auch nicht so leicht im Wasser untergehen.«[25]

2. Kindheit und Jugend in Hamburg

Ein rebellischer Aufbruch

Als Johann Bernhard Basedow am 11. September 1724 in Hamburg in einer bescheidenen Wohnung am Küterwall[26] – unmittelbar am Alsterfleet – unter größten Mühen zur Welt kam, waren seine Eltern zunächst in Angst und Sorge, dass ihr Erstgeborener die schwere Geburt nicht lange überleben würde. So matt und fiebrig war der Säugling, dass dem Vater eine Nottaufe zwingend geboten schien. Ans Kindbett gerufen wurde Johann Gottfried Misler, Archidiakon und Pfarrer der St. Nikolaigemeinde, einer der fünf Hauptkirchen Hamburgs. Dieser pflichtbewusste lutherische Geistliche spendete dem neuen Erdenbürger unverzüglich jenes nasse Sakrament, das seine Kirche als heilsbringend erachtete. Tatsächlich überwand der schwächelnde Junge die Krise der ersten Lebenstage in kurzer Zeit. Der Kirchenbuchführer von St. Nikolai hielt das bedeutende Ereignis in seinen lakonischen Aufzeichnungen für die Nachwelt fest: »1724. Am 11. September wurde des Herrn Hinrich Bassedau Sohn von dem Herrn Pastor Misler getauft – *domi*, und erhielt die Namen Johan Berend.«[27]

Es war das unscheinbare lateinische Wörtchen *domi* – zuhause, mit dem der Schreiber dieser Zeilen das Drama der Geburt beurkundete. Denn Haustaufen waren in der damaligen Zeit nicht Brauch, schon gar nicht in den mittleren oder niederen Ständen der Gesellschaft. Gewährt wurden sie nur im äußersten Ausnahmefall, wenn sich das Kind ganz unzweifelhaft in Lebensgefahr befand. Da dieser bedrückende Fall hier offenkundig eingetreten war, kam es dazu, dass Basedows Taufe noch am Tag seiner Geburt erfolgte – in den Privaträumen der Familie und somit außerhalb der Kirchenmauern. Wer will, kann in diesem Vorgang

Abb. 6: Küterwall, Hamburg.
Zeichnung von Ebba Tesdorpf, um 1888

einen frühen Beleg für die von Basedow in seinem Erwachsenenleben dann mit Verve verfochtene These erblicken, dass der Mensch auch abseits der Kirchengebäude geistliches Heil und individuelle Seligkeit zu erlangen vermag.

Der Eintrag ins Taufregister von St. Nikolai zeigt aber noch etwas Anderes an: Basedow trug als Kind nicht den Namen, mit dem er als reifer Mann Berühmtheit erlangen sollte. Dieser lautete anfangs vielmehr – in der an die Sprachmelodie des Niederdeutschen angelehnten Schreibweise – Johan Berend Bassedau. Erst zwei Jahrzehnte später änderte der Hamburger seinen Namen zu Johann Bernhard Basedow. Im Studienort Leipzig erfolgte sein Sinneswandel. Zu verstehen ist diese Entscheidung wohl vor allem als Konzession an die damals in ganz Deutschland als stilbildend geschätzte Mundart der Obersachsen, in deren Ohren der neue Nachname weitaus angenehmer und volltönender klang als der Geburtsname Bassedau. Der bleibend veränderte Name

Abb. 7: Die Mühlenbrücke und die St. Nikolai-Kirche in Hamburg. Lithografie von Peter Suhr, um 1832

Basedow wurde von seinem Träger allerdings zu keinem Zeitpunkt als Abkehr von den Hamburger Ursprüngen verstanden. Immerhin berief er sich in einigen seiner späteren Schriften doch bewusst und gern auf seine nordelbische Heimat, wenn er sich als Autor bisweilen das sprechende Pseudonym Bernhard aus Nordalbingien zulegte.[28]

Basedows Mutter, Anna Maria Jungesbluth, die Hinrich Bassedau nach Ausweis des Proklamationsbuches der St. Nikolaigemeinde[29] am 22. Februar 1724 – also erst im dritten Monat ihrer Schwangerschaft – geheiratet hatte, wurde von ihrem Erstgeborenen später als eine dauerhaft zur Schwermut neigende Frau beschrieben. Sie sei, zum Leidwesen der ganzen Familie, überaus »melancholisch«[30] veranlagt gewesen. Die depressive Grundstruktur ihres gepeinigten Gemüts wurde gar als »Hauskreuz«[31] empfunden. Mehr ist nicht über sie überliefert, und auch Basedow hat sich nicht weiter über seine Mutter geäußert. Ihre Bedrückung stand ihm aber bis ins fortgerückte Alter lebendig vor Augen, gepaart mit der Furcht, in Phasen großer beruflicher Anstrengungen und Herausforderungen womöglich vom selben Leiden erfasst zu werden.[32] Doch blieb dem Sohn ein solches Schicksal erspart.

Der Heranwachsende richtete sich in seinen ersten Lebensjahren bis zur Schulzeit vor allem an seinem Vater auf. Hinrich Bassedau, ein gebürtiger Lübecker und Sohn eines in der Hansestadt an der Ostsee schon länger ansässigen Bürgers und Branntweinbrenners, war erst als Fünfzehnjähriger nach Hamburg gelangt. In seiner Kindheit und Jugend hatte er noch die Lübecker Stadtschule besucht, wo er sich nach dem Erwerb solider Grundkenntnisse der lateinischen Sprache bereits Hoffnungen auf eine höhere Schullaufbahn machen durfte, als sein Vater 1712 plötzlich verstarb. Durch diesen Unglückfall verlor die Familie Vermögen, Branntweinamt und Einkommen, so dass Hinrich genötigt war, die Schule zu verlassen, um eine Lehrstelle anzunehmen. Es galt nun, den eigenen Lebensunterhalt ohne alle Hilfe selbst zu verdienen. Anstellung fand der verwaiste Jüngling bei einem Barbier in Hamburg. Nach Abschluss der Ausbildung übernahm er die selbständige Leitung eines Geschäfts. Er verdingte sich fortan als Perückenmacher und Bleicher. Im Jahr 1724, als sich Hinrich Bassedau in Hamburg verheiratete und schon kurz darauf der gemeinsame Sohn geboren wurde, war der junge Vater ein 26-jähriger Handwerker, nicht vermögend, jedoch fleißig und strebsam.

Seinem Sohn Johann Bernhard wollte der zugewanderte Hamburger Neubürger nun unter allen Umständen den anspruchsvollen und vielversprechenden Bildungsweg ebnen, der ihm selbst verwehrt geblieben war. Schon zu einem sehr frühen Zeitpunkt vermittelte er dem Jungen daher die aus Lübeck mitgebrachten elementaren Lateinkenntnisse, um ihm die Aufnahme an der Gelehrtenschule des Hamburger Johanneums[33] zu ermöglichen. Diese renommierte Lehranstalt war bereits 1529 im Zuge der Reformation als Lateinschule für die lutherischen Bürgersöhne eingerichtet worden. Ihre Räume befanden sich in Fachwerkbauten auf dem Gelände des säkularisierten St. Johannisklosters inmitten der Hamburger Altstadt. Neben dem Unterricht in den Alten Sprachen sollten die Schüler hier in der Lehre der lutherischen Orthodoxie unterwiesen werden, um als Erwachsene dereinst mit Verstand, humanistischer Bildung und dem nötigen Maß an Rechtgläubigkeit die Geschicke der republikanisch verfassten Vaterstadt zum Segen der gesamten Bürgerschaft mitzugestalten.

Hinrich Bassedau erhoffte sich für seinen Sohn eine zukünftige Anstellung als Pfarrer an einer der Hauptkirchen Hamburgs. Jedenfalls nährte er diesen Wunsch insgeheim. In einer autobiografischen Skizze aus seiner späteren Lebenszeit erinnerte sich Johann Bernhard Basedow ganz ausdrücklich daran und wie er bis zu seinem »8. Lebensjahre« vom Vater deshalb kontinuierlich »im Lesen lateinischer und deutscher Schrift, im Gebrauch der lateinischen Deklinationen und Konjugationen, sowie im Schreiben« geübt worden war.[34] Höchst diszipliniert nutzte der emsige Barbier und Bleicher demnach einen Großteil seiner spärlichen freien Zeit, um dem Sohn im häuslichen Unterricht die Anfangsgründe der höheren Bildung beizubringen. Umgekehrt musste der Sohn dem Vater aber auch Botendienste leisten. Er, der später im übertragenen Sinn so manchen alten pädagogischen Zopf abschneiden sollte, wurde in seiner Kindheit und Jugend regelmäßig damit beauftragt, frisch gepuderte, ausgebesserte oder neuangefertigte Perücken an die geschätzte Hamburger Kundschaft auszuliefern.

An den Ostertagen des Jahres 1732 waren die Fortschritte des Jungen im Gebrauch der lateinischen Sprache so ansehnlich geworden, dass er fortan dauerhaft als Schüler zum Unterricht am Johanneum zugelassen wurde. Er betrat damit in einem Augenblick die Schullaufbahn, als das Hamburger Scholarchat, das die Aufsicht über das hamburgische

Abb. 8: Ein Friseurlehrling mit Perücken. Feder, Sepia über Bleistift. Zeichnung von Daniel Nikolaus Chodowiecki, 1773

Schulwesen ausübte, die Lehrart am Johanneum gründlich zu reformieren trachtete. Auf Betreiben des Scholarchats verabschiedeten »Bürgermeistere und Rathmänner der Stadt Hamburg« mit der »Ordnung der öffentlichen St. Johannis Schule« vom »11 Juni 1732« eine ganz neue Schulverfassung.[35] Zugleich berief man als neuen Rector Johannei den schon in Uelzen und Hannover als Pädagogen bewährten Schulmann Johann Samuel Müller, der am 11. September 1732 feierlich in sein verantwortungsvolles erzieherisches Amt eingeführt wurde.[36]

Dem Rektor Müller wurden mit der neuen Schulordnung und den in ihr gesetzten Akzenten ganz bestimmte pädagogische Vorgaben gemacht, die darauf abzielten, vor allem

Abb. 9: Die Schulgebäude des Johanneums. Lithografie von Otto Speckter, 1840

den Lateinunterricht tiefgreifend zu verändern. Wichtiger als die Fähigkeit, »aus einem lateinischen Autore ins Teutsche, und hinwieder aus einem teutschen ins Lateinische, sofort zu übersetzen«, schien die Vorgabe, dass die Schüler zunächst lernten, gut und fließend Latein »zu sprechen«.[37] Um dieses neue Lernziel zu erreichen, sollten die Kinder und Jugendlichen in erster Linie »lateinisch mit einander reden«, und zwar so oft wie möglich, als ein auch durchaus spontanes »Exercitium Extemporaneum«.[38] Nicht die passive Kenntnis der lateinischen Schriftsprache, sondern die aktive Beherrschung des Lateinischen als wahrhaft lebendige, gesprochene Sprache war laut der neuen Schulverfassung der Schlüssel zum Lernerfolg – und zur dauerhaften

Liebe zu diesem einzigartigen Idiom der internationalen Gelehrtenwelt.

Ein herausragendes Beispiel für Müllers Ansinnen, auf möglichst angenehme Weise den Redefluss und die lateinische Ausdrucksfähigkeit seiner Schüler zu fördern, war das von ihm am Johanneum eingeführte Schultheater. Müller, der schon als Student an der braunschweigischen Universität Helmstedt schriftstellerisch tätig gewesen war und seit 1721 auch eigene Libretti zu Opern verfasst hatte, inszenierte in seinen Hamburger Schulaufführungen vor allem Themen der Antike, zuweilen auch der hamburgischen Geschichte, die in Rezitationen und Dialogen, mit Spiel und Musik – komponiert von Georg Philipp Telemann, dem bedeutenden Cantor Johannei und Director Musices der Stadt Hamburg – auf vielfach unterhaltsame Weise dargestellt wurden.[39]

Das Schultheater, zu dem auch die Öffentlichkeit ausdrücklich eingeladen war, stieß in der gesamten Stadt Hamburg auf große Resonanz. Um Platz zu sparen, wurden die Damen gebeten, ohne Reifröcke zu erscheinen. Auch wurde die An- und Abfahrt der Kutschen genau vorgeschrieben, so sehr drängte es die Hamburger dazu, den Aufführungen auf der Schulbühne beizuwohnen.[40] In den Vorlesungsverzeichnissen des Johanneums wurden die lateinischsprachigen Stücke allerdings zugleich immer auch als Unterrichtsveranstaltungen Müllers angekündigt. Entweder als »Actus oratorio-dramaticus« oder als »Orationes« bezeichnet, dienten die Aufführungen der Präsentation und Zurschaustellung dessen, was von den Schülern im modernisierten Lateinunterricht im Gespräch erlernt worden war. Bei einer dieser Darbietungen durfte auch Basedow mitwirken. Seine Lateinkenntnisse müssen beachtlich gewesen sein, denn es wurde dem Jungen erlaubt, in einer der beim Publikum so beliebten Inszenierungen in einer Hauptrolle den Perseus zu mimen, den tragischen, letzten König des antiken Makedonien.[41]

Abb. 10: Die Quinta und Quarta des Johanneums. Schulszenen aus der Gelehrtenschule. Lithografie von Otto Speckter, 1840

Nachweislich war Basedow ein strebsamer Schüler. Er übersprang schon bald einen ganzen Jahrgang und durchlief in sechs Schuljahren zügig und ohne Schwierigkeiten sieben Klassen. Schon als Dreizehnjähriger wurde er im Jahr 1738 in die Prima aufgenommen. Dort jedoch verblieb der begabte und ehrgeizige Schüler länger, als er gewillt war. Gleich mehrfach musste er diese letzte Klassenstufe gemeinsam mit einem weiteren leistungsstarken Schüler, Jacob Schuback, dem Sohn des späteren Hamburger Bürgermeisters Nicolaus Schuback, zu seinem großen Verdruss wiederholen.[42] Sein mit Nachdruck vorgetragenes Gesuch, das dem Johanneum eng angeschlossene Akademische Gymnasium – das mit der Gelehrtenschule unter einem Dach untergebracht war – zur Vorbereitung seines geplanten Universitätsstudiums besuchen zu dürfen, wurde vom Rektor Müller Jahr um Jahr abschlägig beschieden. Heimliche Absicht des anspruchsvollen Schulleiters war es, dem Niveau der obersten Klassenstufe durch das möglichst lange Verbleiben der guten Schüler aufzuhelfen.

»In dieser Zeit des müßigen Wartens«, schrieb Basedow später, »verzweifelte ich an dem weiteren Fortschritt meiner Studien.«[43] Der ungeduldige Junge, der als frühreifer Sechzehnjähriger im Spätsommer 1740 bereits an der Schwelle zum Erwachsenenalter stand, begehrte auf. Seinem Vater gab er zu verstehen, unter den gegebenen Umständen die Schule, die ihn jetzt nur noch einengte, zu verlassen, um sein Glück auf eigene Faust in der weiten Welt zu suchen. Doch der bedächtige Hinrich Bassedau gestattete es dem Sohn nicht, den Aufenthalt in der Gelehrtenschule, in die er doch so viele Hoffnungen setzte, mit der Aufnahme irgendeines anderen Gewerbes zu vertauschen. Eindringlich ermahnte er ihn, sich dem Willen des Rektors zu fügen. Die Warnung verfing jedoch nicht, Basedow ließ sich nicht von seinem einmal eingeschlagenen Kurs abbringen. Ohne Vorwissen seiner Eltern reiste er, ausgestattet mit seinem wenigen angesparten Geld, nach Amsterdam, um sich dem Handel zu widmen.

Basedows Ausbruch aus den für ihn unbefriedigenden Verhältnissen seiner Vaterstadt Hamburg glich einem rebellischen Aufbruch. Damit gehörte er zu der gar nicht geringen Zahl nachmals berühmter Pädagogen und Schulreformer des 18. Jahrhunderts, die in ihrer Jugend Elternhaus und Ausbildungsort fluchtartig verließen, weil sie nicht abwarten konnten, selbständig zu werden, um mündig auf eigenen Füßen zu stehen. 1723 hatte Benjamin Franklin, der spätere Gründer der ersten amerikanischen Universität in Philadelphia, ohne Wissen seines Vaters als Siebzehnjähriger seine Heimatstadt Boston verlassen, um aus seinem zermürbenden Lehrverhältnis als Buchdrucker bei seinem Bruder James, der ihn ständig drangsalierte, für immer auszubrechen. Jean-Jacques Rousseau, der mit »Emile« den größten Erziehungsroman des Zeitalters der Aufklärung schreiben sollte, verließ 1728 als Sechzehnjähriger überstürzt seinen Geburtsort Genf. Er wollte nicht länger das Handwerk des Kupferstechers erlernen, zumal ihm die Tyrannei seines Meisters die Arbeit gründlich verleidet hatte. Monatelang vagabundierte Rousseau anschließend im gebirgigen schweizerisch-italienischen Grenzland herum. Seine dennoch hochgestimmte Gefühlslage schilderte er später eindringlich in seinen Memoiren, den »Bekenntnissen«: »Die Unabhängigkeit, die ich gewonnen zu haben glaubte, war das einzige Gefühl, das mich erfüllte. Frei und Herr meiner selbst, glaubte ich alles tun, alles erreichen zu können; ich brauchte mich nur aufzuschwingen, um mich zu erheben und in die Lüfte zu fliegen. Ich trat voller Sicherheit in die weite Welt. Mein Talent sollte sie erfüllen.«[44] Gut möglich, dass der bei seinem Aufbruch aus Hamburg gleichaltrige Basedow ähnlich kühne und hochfliegende Gedanken hegte.

Einer Vagabondage glich sein Fortzug nach Holland in jedem Fall, da es ihm auch nach mehreren Wochen in Amsterdam nicht gelang, eine feste Anstellung zu finden. Seine spärliche Barschaft neigte sich schon dem Ende zu, als ihn ein mitleidiger dänischer Kaufmann auflas und einlud, ihm nach Kopenhagen zu folgen. Basedow willigte ein, verließ den wohlwollenden Reisenden allerdings auf halber Strecke wieder, weil er unterwegs in Flensburg einem Arzt aufgefallen war, der ihm das Angebot unterbreitete, für längere Zeit in seinem Haus zu wohnen. Bei diesem freundlichen Mediziner, einem Dr. med. Georg Daniel Bössel, verdingte sich der halbwüchsige Flüchtling, der noch immer keinen Drang dazu verspürte, nach Hamburg zurückzukehren, über mehrere Monate hinweg als dessen Famulus. Über Basedows Aufenthalt bei Dr. Bössel schrieb der mit ihm befreundete Pädagoge Heinrich Rathmann später: »Hier ward er sehr gut gehalten, und er hat noch in seinem Alter oft gesagt, daß er da die vergnügteste Zeit seines Lebens zugebracht und da zuerst Menschenliebe gelernt habe.«[45]

Der Arzt Dr. Bössel war ein hochgebildeter und weitgereister Mann, der sein Fach zunächst ganz allgemein an der renommierten medizinischen Fakultät der preußischen Universität Halle an der Saale studiert hatte, um sich danach in Paris gezielt auf die modernsten praktischen gynäkologischen Kenntnisse zu spezialisieren. Nach einer weiteren Zwischenstation in Kopenhagen war er ab 1731 als tüchtiger Stadtphysikus in Flensburg sesshaft geworden, wo er ein Hebammeninstitut gründete, das alsbald zur Hebammenschule für das gesamte Herzogtum Schleswig erhoben wurde.[46] Dieser fähige Arzt riet seinem jungen Schützling, dessen herausragende geistige Fähigkeiten er sehr wohl erkannt hatte, nun nach Ablauf eines Dreivierteljahres dazu, wieder zu seinen Eltern zurückzukehren, um die unterbrochene Schullaufbahn mit neuem Elan und Schwung fortzusetzen. Der um einige wichtige Lebenserfahrungen reichere Jüngling fügte sich, wie er selbst hervorhob, nur »nach langem Zögern«[47] und kehrte erst im Herbst 1741 wieder auf seinen ehemaligen Platz in der Schule zu Hamburg zurück.

Seine Eltern waren erleichtert, und auch Rektor Müller nahm den Ausreißer ohne erkennbare Vorbehalte wieder in die Prima seiner Schule auf. Zwei weitere Jahre brachte Basedow dort bei sehr gutem Lernerfolg zu, bis er endlich laut erhaltener Matrikel am 13. Mai 1743 ins Akademische Gymnasium versetzt wurde.[48] Das Hamburger Akademische Gymnasium, das 1613 auf Betreiben von Rat und Bürgerschaft gegründet worden war, sollte den wissenschaftlich interessierten Lateinschülern der Stadt an Elbe und Alster, die selbst über keine eigene Universität verfügte, zumindest eine Zeitlang in der Heimat Studien auf Hochschulniveau ermöglichen. Viele Absolventen der Lehranstalt setzten ihren Bildungsgang allerdings nach dem Abgang vom Gymnasium an einer auswärtigen Universität fort, am häufigsten im sächsischen Leipzig, vielfach jedoch auch im holsteinischen Kiel.

Die Professoren des Akademischen Gymnasiums wiesen in der Regel ein Format auf, das dem hohen Qualitätsanspruch von Universitätsdozenten ebenbürtig war. Die besten von ihnen erhielten dementsprechend auch Rufe an Universitäten im In- und Ausland, die sie jedoch oftmals ablehnten, weil sie die guten Arbeitsbedingungen und auch das durchaus üppige Gehalt am Hamburger Gymnasium zu schätzen wussten. Zu den vielen herausragenden Gelehrten, die seit den Gründungstagen am Akademischen Gymnasium wirkten, zählen unter anderem der im venezianischen Padua ausgebildete Physiker, Mathematiker und Logiker Joachim Jungius und der Orientalist und Sprachforscher Ägidius Gutbier, der als bester Kenner des Altsyrischen aus dem niederländischen Leiden nach Hamburg gelangt war, wo er neben seiner Lehrtätigkeit noch eine hochangesehene Privatdruckerei unterhielt. Beide gehörten zu den europaweit bekannten Wissenschaftlern des 17. Jahrhunderts.[49]

Auch als Basedow in der Mitte des 18. Jahrhunderts Schüler des Akademischen Gymnasiums wurde, konnte sich die traditionsreiche Schule eines erstklassigen Kollegiums rühmen. Zu den bekanntesten Hamburger Gymnasialprofessoren dieser Zeit gehörte Michael Richey, der seit 1717 Inhaber des Lehrstuhls für Geschichte und griechische Sprache war. Von 1724 bis 1726 hatte er zudem der Redaktionsgemeinschaft der bekannten Moralischen Wochenschrift »Der Patriot« angehört. Auch war er Mitglied der aus diesem journalistischen Herausgeberkreis hervorgegangenen ersten Patriotischen Gesellschaft Hamburgs, die bis 1748 bestand.[50] Sowohl durch sein Wirken am Gymnasium, wo er viele Schülergenerationen nachhaltig beeinflusste, als auch durch sein Engagement als Patriot und Publizist hatte er in Hamburg maßgeblichen Anteil am Erstarken des bürgerschaftlichen Gemeinsinns und stadtrepublikanischen Freiheitsdrangs im Sinne der Frühaufklärung. Basedow dankte Richey, dessen kundige Unterweisung er zwei Jahre lang genießen durfte, in einem am Ende seiner Schullaufbahn im Druck erschienenen Gedicht dafür, dass dieser fürsorgliche Lehrer ihm durch seinen »eben so getreuen als gelehrten Unterricht« beigebracht habe, in allen seinen Verrichtungen stets auch »des Vaterlandes Wohl« zu bedenken.[51]

Noch stärker wirkte auf Basedow jedoch der Professor Hermann Samuel Reimarus ein. Reimarus, ein gebürtiger Hamburger, war 1727 auf die Professur für Hebräisch und biblische Hermeneutik ans Akademische Gymnasium berufen worden. Seine akademischen Studien- und Wanderjahre hatten ihn bis nach London und Oxford geführt, und wie Gutbier hatte er sich als ein besonders an den orientalischen Sprachen interessierter Altphilologe den letzten Schliff im niederländischen Leiden geholt, bevor er nach einer Zwischenstation als Rektor der Stadtschule in Wismar wieder in seine Heimatstadt zurückkehrte. Als exzellenter Philologe war er dort zunächst darauf bedacht, den hebräischen Originaltext des Alten Testaments möglichst gründlich zu durchdringen, um seinen exakten Wortgehalt zu ermitteln. 1734 gab er eine kommentierte Neuübersetzung des Buches Hiob heraus, die von seinen Fachkollegen als sprachwissenschaftliche Meisterleistung gerühmt wurde. Angeregt durch die 1735 publizierte Wertheimer Bibel – eine streng rationalistische Übersetzung der ersten fünf Bücher des Alten Testamentes – wandelte er sich von einem affirmativen Exegeten der Heiligen Schrift zum Kritiker der biblischen Offenbarung und eines naiven Wunderglaubens, wiewohl er die Existenz eines Schöpfergottes nie bestritt.

Genau in jener Zeit, als er anfing, Basedow zu unterrichten, notierte Reimarus die Ergebnisse seiner Bibelkritik in der größtenteils in den 1740er Jahren verfertigten Abhandlung »Apologie oder Schutzschrift für die vernünftigen Verehrer Gottes«, die er nur wenigen Hamburger Freunden[52] unter dem Siegel der Verschwiegenheit zeigte, da er den Text »nicht durch den Druck gemein« machen wollte, »bevor sich die Zeiten mehr aufklären«.[53] Bezeichnenderweise wurde die »Apologie« erst posthum und nur in Teilauszügen ab 1774 von Gotthold Ephraim Lessing veröffentlicht.[54] Eindrücklich stand Reimarus nämlich das Schicksal des Übersetzers der Wertheimer Bibel, Johann Lorenz Schmidt, vor Augen, der wegen seiner von der Orthodoxie als anstößig empfundenen Bibelexegese eine Haftstrafe in der Hofhaltung der Fürsten von Löwenstein-Wertheim-Rochefort in Wertheim verbüßen musste. 1738 gelang es Schmidt mit viel Glück, über Leipzig nach Altona zu entfliehen, wo er unerkannt unter dem Pseudonym Schroeder (auch Schröter) lebte. Von dort aus pflegte er einen engen Kontakt zu Reimarus, in dessen Hamburger Haus er bis 1746 sogar als Tutor wirkte.[55]

Der an Heimlichkeit und Diskretion gewöhnte Reimarus vermittelte sein Wissen und seine persönlichen Interessen an seine begabtesten Schüler nicht ausschließlich und wohl auch gar nicht in erster Linie im öffentlichen Unterricht, vielmehr setzte er auf den vertrauten Umgang in seinen privaten Lehrveranstaltungen. Privatim dozierte er nicht unbedingt über die seinem Lehrauftrag entsprechenden Themen der hebräischen und chaldäischen Sprachlehre, wie sie im Vorlesungsverzeichnis ausgedruckt waren, sondern über die ihm wichtiger erscheinenden Wissensbereiche. So hörte Basedow, der von Anfang an zu den von Reimarus besonders geförderten Schülern zählte, in dessen Privatveranstaltungen der Jahre 1743 bis 1746 regelmäßig Ausführungen über die rationalistische Philosophie des Christian Wolff oder auch über jüdische Altertümer,[56] die in den Vorlesungsverzeichnissen jener Zeit gar nicht aufgeführt sind.[57] Anzunehmen ist also, dass Reimarus seine Privatlektionen dazu nutzte, Basedow mit aktuellen Problemen der Logik und der – mit aller Vorsicht vorgetragenen – kritischen Bibellektüre bekannt zu machen.

Der Eindruck, den dieser Privatunterricht hinterließ, war für den jungen Hörer einerseits aufregend, andererseits aber auch zutiefst verstörend. Basedow, der bis dahin im lutherischen Religionsunterricht am Johanneum im striktesten Sinne orthodox erzogen worden war, befielen nun nagende Zweifel. Nach außen trat er zwar noch als glaubensstarker Gymnasiast in Erscheinung, der in einem seinem Lehrer Richey gewidmeten Gedicht gar vollmundig »Luthers Wahrheit«[58] besang, doch waren ihm, da er nun immer eigenständiger denken lernte, die theologischen Schlüsse seiner eigenen Konfession in Wirklichkeit »von ganzem Herzen zweifelhaft«[59] geworden. Es begann sich, wie er sich nachmals erinnerte, eine »quälende Furcht in meiner Seelen« breit zu machen, »ob wohl das alles wahr seyn sollte, was man mich in der kindlichen Instruction von Gottes Daseyn, Eigenschaften und Richterspruche gelehrt hatte«.[60]

Mit Beginn seiner Gymnasialzeit, also seit Beginn des Privatunterrichts bei Reimarus, hätten nämlich die Erzählungen der Heiligen Schrift wegen der zahlreichen darin enthaltenen und bei näherem Hinsehen kaum glaublichen »Weissagungen und Wunderwerke«[61] unaufhaltsam ihre Kraft verloren. Während er zuvor noch unangefochten für wahr gehalten habe, »es sey ein Gott, ein einziges Wesen ohne Anfang, die erste Ursache aller Dinge und Begebenheiten«[62], »verschwand« nun »der Beweis von der Gottheit« nahezu vollständig vor seinem inneren Auge.[63] Fraglich wurde ihm aber auch noch etwas anderes. Gemäß den einschlägigen Ausführungen von Luthers Katechismus hatte er bis zur Aufnahme ins Gymnasium noch ganz selbstverständlich alle fremdgläubigen Menschen, also »Juden, Türken, Heiden, Ketzer mit ihren Kindern«, für »verdammt« und »ewig unglückselig« gehalten.[64] Nun aber überzeugte ihn auch die Verteufelung der Andersgläubigen nicht mehr.

Wie schon bei seinem heimlichen Fortgang aus Hamburg löste er auch diesmal eine ihn bedrückende Situation auf, indem er die Flucht nach vorn antrat. Als zweifelnder Lutheraner überließ er sich nicht etwa einem schrankenlosen Pessimismus oder gar Zynismus, sondern begab sich neugierig und suchend in den Kreis einer anderen, so randständigen wie frommen Gemeinschaft, die von vielen Christen, nicht nur von den orthodoxen Lutheranern, in besonders herablassender Weise behandelt, ja geradezu verachtet wurde. Nach Basedows Selbstzeugnis besuchte er eine Privat-Synagoge, um sich über die in Hamburg lebenden Juden und ihren Glauben aus erster Hand zu informieren.[65] Weil es den Hamburger Juden laut kaiserlichem Reglement von 1710 auch in den 1740er Jahren noch untersagt war, öffentliche Beträume zu nutzen, mussten ihre Synagogengottesdienste und Lehrstunden in Privathäusern abgehalten werden.[66] Es ist allerdings auch möglich, dass Basedow Juden im benachbarten Altona oder Wandsbek aufsuchte. Altona und Wandsbek waren holsteinisch und damit dänisch verwaltet. Das dänische Königshaus aber galt als liberaler und religiös toleranter als die orthodoxen Lutheraner Hamburgs. Aus diesen

Gründen war es auch zur Bildung der die Grenzen der Stadt überspringenden jüdischen Dreigemeinde Altona-Hamburg-Wandsbek gekommen.[67]

Der aufgeschlossene und zu diesem Zeitpunkt bereits gegen alle Vorurteile aufbegehrende Basedow erlebte nun, als er »zu einem Juden« trat, wie dieser »mit heißer Andacht, die sich in Thränen zeigte, im Talmud« las.[68] Auf der Stelle ergriffen von diesem inbrünstigen Zeugnis lebendigen Glaubens hielt der nach Orientierung suchende Gymnasiast es zumindest wieder prinzipiell für möglich, zu einem ungeheuchelten, echten Verhältnis zur Religion zurückzufinden. Es war diese prägende Begegnung mit der jüdischen Gemeinde, die ihn den Weg zu einem neuen Religionsverständnis einschlagen ließ, weshalb er sein Leben lang mit Dankbarkeit daran zurückdachte und es sich zum Ziel setzte, das Los der ganz zu Unrecht an den Rand der Gesellschaft gedrängten Juden nach Kräften zu verbessern. Zudem entschloss er sich nach seinem Besuch der Privatsynagoge dazu, »der Untersuchung der Religion meine ganze Lebenszeit, so ferne sie dazu nötig seyn sollte«, zu widmen.[69]

Als Basedow zu Beginn des Jahres 1746 seine Schullaufbahn am Akademischen Gymnasium mit dem erfolgreichen Abschluss der Oberprima beendete, fasste er daher den Vorsatz, ein Theologiestudium aufzunehmen. Sein Vater, der dieses hehre Studienziel für seinen Sohn schon seit langem ausgegeben hatte, war darüber zwar hoch erfreut, konnte einen kostspieligen Universitätsaufenthalt jedoch selbst nicht gut finanzieren. Als Geldgeber sprang stattdessen der Hamburger Jurist Matthäus Arnold Wilckens ein, der einen engen Kontakt zu Basedows Lehrern Richey und Reimarus pflegte und von beiden Männern den gleichlautenden Hinweis erhalten hatte, dass ihr begabter Schüler bei entsprechender Förderung »einer der gemeinnützigsten und denkendsten Männer werden könne«.[70] Schon ab 1743 hatte Wilckens die Hamburger Gymnasiasten Johann Arnold

Ebert und Nikolaus Dietrich Giseke, die nur wenige Monate älter als Basedow waren, als wohlwollender Mäzen in großzügiger Weise gefördert und mit einem Stipendium für den Besuch der Universität ausgestattet.[71] Nun war es Basedow, der dank der Fürsprache von Richey und Reimarus in den Genuss der gleichen Förderung kam. Im Mai 1746 nahm er als mittlerweile 21-jähriger junger Mann sein Studium in Leipzig auf.

3. Studium in Leipzig

Theologische Zweifel und philosophische Zuversicht

Leipzig stand bei den Hamburgern als Studienort in den 1730er und 1740er Jahren hoch im Kurs. Laut den erhaltenen Aufzeichnungen des Lehrers Richey, der jeweils penibel notierte, an welchen Akademien und Hochschulen seine begabtesten Schüler ihre Studien fortsetzten, rangierte die sächsische Universitätsstadt auf der Beliebtheitsskala der Abgänger weit vorne. Erst nach 1750 zog es die Zöglinge des Hamburger Gymnasiums vermehrt nach Jena und Göttingen.[72] Dass die Hamburger bis zur Jahrhundertmitte bevorzugt Leipzig für ihr Studium auswählten, lag zum einen daran, dass dort die deutsche Sprache – nach damaliger allgemeiner Einschätzung – in ihrer schönsten und akkuratesten Form gesprochen wurde. Daran sollten sich die jungen Männer aus Hamburg, die in ihrer Vaterstadt die Muttersprache zunächst in ihrer niederdeutschen Ausprägung kennengelernt hatten, ein Beispiel nehmen – zumal sich auch Luther in seinen deutschen Schriften wie in der Übertragung des Neuen Testamentes an der sächsischen Kanzleisprache orientiert hatte. Abgesehen davon galt den Hamburgern das sächsische Leipzig aber auch ganz allgemein als Sittenschule für Menschen, die gute Manieren zu erwerben und zu kultivieren trachteten. Der Hamburger Theaterdichter Hinrich Borkenstein nahm darauf Bezug, als er 1741 in seinem Lustspiel »Der Bookesbeutel«, das von der Konfrontation altväterischer Hamburger Bürger mit den soeben aus Leipzig zurückgekehrten jungen Leuten lebt, dem Repräsentanten des alten Hamburg den Namen »Grobian« verlieh, die Ankömmlinge aus Leipzig hingegen als »Sittenreich« und »Ehrenwerth« ausgab.[73]

Doch nicht nur bei den Hamburgern genoss Leipzig einen exzellenten Ruf. Auch der Frankfurter Goethe wurde von seinem Vater, der sich seinerseits schon 1731 zum Studium nach Leipzig begeben hatte, in zweiter Generation in die sächsische Universitätsstadt geschickt, um dort seine Bildung zu vertiefen und zu verfeinern. Noch im fortgerückten Alter ließ Goethe in seinem berühmtesten Bühnendrama, der Tragödie »Faust«, den Studiosus Frosch mit anerkennenden Worten über Leipzigs Qualitäten urteilen: »Mein Leipzig lob' ich mir! Es ist ein klein Paris, und bildet seine Leute.«[74] Gemeint war damit, dass ein Aufenthalt in Leipzig einem einzigartigen urbanen Bildungserlebnis gleichkam, wie es außerhalb Deutschlands nur die großen Metropolen zu bieten hatten – denn Leipzig war seit dem Spätmittelalter eine Messestadt von europaweiter Bedeutung.[75] Anlässlich der jeweils 14 Tage andauernden Messen, die immer zu Neujahr, zu Ostern und im Herbst stattfanden, wurden in der 30.000 Einwohner zählenden Stadt an den Ufern der Pleiße Waren aus ganz Europa zur Schau gestellt und verkauft.

Es waren die unterschiedlichsten Handelsgüter aus dem In- und Ausland, die auf den Leipziger Messen feilgeboten wurden, von wertvollen russischen Pelzen aus Sibirien bis hin zu heimischen Singvögeln – Lerchen –, die man, mit Eiern und Kräutern zu Pasteten verarbeitet, als lukullische Spezialitäten schätzte. Zu den besonders wichtigen und typischen Waren der Messen gehörten jedoch auch Bücher, denn Leipzig war einer der führenden Orte des Buchdrucks. Seit Ende des 17. Jahrhunderts waren in der Stadt Verlagsbuchhandlungen und Druckereien so konzentriert vorhanden wie nirgendwo sonst in Deutschland. In der Mitte des 18. Jahrhunderts kam nicht einmal mehr Frankfurt am Main, die ehemals führende deutsche Bücherstadt, als Buchmarkt an Leipzig heran. Die Messekataloge, das wichtigste Informationsmittel der Buchhändler, führten für Frankfurt in dieser Zeit nur noch etwa 100, für Leipzig hingegen 700 Titel an.

Abb. 11: Stadtansicht Leipziger Markt.
Kupferstich von Johann Georg Schreiber, 1712

Das Publikum, das die Leipziger Messen besuchte und die ohnehin schon stattliche Bevölkerungszahl noch einmal um ein Vielfaches vermehrte, stammte aus ganz Europa und aus dem Osmanischen Reich. An den Messetagen waren sämtliche Gasthöfe der Stadt belegt. Auch die Kaffeehäuser und Trinkstuben sowie die Ausflugslokale und Lustgärten der näheren Umgebung waren dann zum Bersten gefüllt. Auf den öffentlichen Plätzen wurde eine Fülle von Schauspielen und Lustbarkeiten geboten: Seiltänzer, Gaukler und Bänkelsänger unterhielten die Menschen genauso wie die Betreiber von Tierschauen mit Löwe, Panther, Elefant und Affen. Jeder Einwohner und Gast der Stadt konnte eine elementare Spektakellust befriedigen. Und wer seinen Sinn auf das Studium der Moral und der Sitten richten wollte, dem boten die Leipziger Messen einen einzigartigen Anschauungsunterricht des prallen menschlichen Lebens. Die Stadt verwandelte sich in den Messezeiten regelmäßig in einen Ort, wie ein Leipziger Neubürger in den 1740er Jahren an seine Familie schrieb, »wo man die ganze Welt im kleinen sehen kann«.[76]

Auch Basedow verfertigte unmittelbar nach seiner Ankunft in Leipzig einen Brief, in dem er von den ersten überwältigenden Eindrücken in der Universitäts- und Messestadt Mitteilung machte. Empfänger dieser ausführlichen Nachrichten aus Sachsen war sein Hamburger Gönner, der Jurist Wilckens. »Glücklich« sei er jetzt, versicherte Basedow seinem Finanzier, und fügte als erstes kleines Resümee hinzu: »Die Umstände der Universität gefallen mir sehr wohl.«[77] Doch nur zwei Tage nach der Immatrikulation wusste der Neustudent am 14. Mai 1746 eben auch zu berichten, dass die herrlichen Leipziger Lebensverhältnisse ein äußerst kostspieliges Vergnügen darstellten. Die Preise für Lebensmittel, Studiengebühren und Bücher fielen insgesamt deutlich höher aus als zunächst gedacht. »Ich merke, es sey unter 200 Rthlr [d.h. Reichstaler] (leicht Geld) nicht durchzukommen«, schrieb er sorgenvoll an seinen Stipendiengeber, und er folgerte, »daß ich es hier wohl nicht länger als ein Jahr aushalte, in welchem ich die in Hamburg ersparten Taler meinen Stipendiis zu Hilfe geben muß.«[78] Deshalb äußerte Basedow die Hoffnung, »es könne vor künftigen Ostern durch die Gewogenheit und Vorbitte einiger Beförderer in Hamburg noch vieles ausgerichtet werden«.[79] Übrigens ersuchte auch sein Kommilitone Nikolaus Dietrich Giseke, dessen Leipziger Studium ja ebenfalls von Wilckens finanziert wurde, den spendablen Hamburger Mäzen aus ganz ähnlichen Gründen um weitere Zahlungen. Unverblümt bat er ihn, er möge ihm bis Ostern 1748 »die Stipendia, die ich durch Ihre Gewogenheit bisher erhalten habe, wenn es möglich ist, noch so lange verlängern«.[80]

Der erstaunlich selbstbewusste Ton, den die Studenten gegenüber ihrem Hamburger Geldgeber anschlugen, wurde stets mit dem Verweis auf den eigenen Fleiß und die Freude am Studium gerechtfertigt. Dabei gehörte es zur Strategie und Politesse der Briefe, nicht den eigenen Studieneifer, sondern jeweils die Strebsamkeit oder die besonderen Talente des Kommilitonen hervorzuheben. So fand Basedow für seinen ehemaligen Mitschüler am Hamburger Akademischen Gymnasium nur lobende Worte: »Der Herr Giseke ist wegen seines vortrefflichen Schreibens, und seines angenehmen Gemüths allenthalben angesehen und beliebt.«[81] Auch über einen weiteren Hamburger Studenten, Johann Arnold Ebert, äußerte er sich: »Der H[err] Ebert schreibt meines Wissens weniger, aber er nützet desto mehr mit seinem strengen und gegründeten Urtheile über andre.«[82] Umgekehrt berichtete Giseke über Basedow in freundlichem Ton, dass »der hier sehr fleissig studiret, und bey aller Gelegenheit Proben eines edlen Herzens an den Tag legt«.[83]

Gewiss wollten sich die Hamburger Studenten durch das gegenseitig vorgetragene Lob das geneigte Wohlwollen des Geldgebers Wilckens erhalten. Allerdings forderten Basedows äußere Lebensumstände ihm in Leipzig auch wirklich ein eher asketisches Dasein ab. Ungeachtet des Hamburger Stipendiums musste er sich von Anfang an einen Nebenverdienst suchen, um seinen Lebensunterhalt überhaupt bestreiten zu können. Doch auch das Verfassen der so beliebten Gelegenheitsgedichte – die sich die Leipziger Bürger gerne von den literarisch begabten Studierenden anlässlich von Hochzeiten, Taufen oder Trauerfeiern anfertigen ließen – gestattete es ihm nicht, vom Zusetzen seiner Hamburger Ersparnisse abzusehen.[84] Ein Zeitgenosse, der Basedow sehr gut kannte, berichtete in seinen Erinnerungen, dass dieser während seines Studiums »in Leipzig in solcher Dürftigkeit« lebte, dass er »eine Zeitlang nur dreymahl die Woche etwas Warmes essen konnte«.[85] Immerhin wusste sich der Student mit diesen Verhältnissen zu arrangieren, zumal ihm aus Hamburg zugesichert wurde, dass »Mittel zu einem weitern, vergnüglichen Aufenthalt«[86] in Leipzig in Bälde bereitgestellt würden.

Trotz der finanziellen Einschränkungen, die ihn zur äußersten Sparsamkeit zwangen, war es nicht seine fortwährende Geldknappheit, die ihn gleich zu Beginn seines Aufenthaltes in Leipzig in seelische Bedrängnis brachte. Vielmehr plagten ihn noch immer und zunehmend die in Hamburg aufgekeimten religiösen Zweifel, die sein Gewissen schwer belasteten und die er im Rahmen eines systematischen Theologie- und Philosophiestudiums nun endlich aufzulösen suchte. Im Herbst 1746 schrieb er Wilckens, dass er sich vollständig auf den Besuch »Theolog[ischer] und Philosoph[ischer] Collegia«[87] verlegt habe, wobei es ganz entscheidend »ein grosser Leipziger Philosoph, und rechtschaffener Mann, der Herr Doctor Crusius«[88] war, der ihm dabei half, einen Ausweg aus seiner ernsten Glaubenskrise zu finden.

Christian August Crusius, der seit 1740 an der Leipziger Universität wirkte, hatte als Hochschullehrer einen beträchtlichen Erfolg. Er war bei allen Studierenden außerordentlich beliebt. Schon zu Beginn seiner Tätigkeit als Dozent wurden seine Vorlesungen und Kollegien von bis zu 180 Zuhörern frequentiert; am Ende seines Lebens hatte er dann an die 350.[89] Das waren zu jener Zeit Rekordzahlen, die im Verlauf des 18. Jahrhunderts auch an anderen deutschen Universitäten von den Professoren nur selten erreicht wurden. Crusius traf in seiner Ansprache gegenüber den Hörern offenbar nicht nur den richtigen Ton, er verhandelte auch philosophische Inhalte, die auf ein breites Interesse stießen. Dazu gehörte vor allem seine Lehre von der Wahrscheinlichkeit, die er in seiner 1747 veröffentlichten »Logik« erstmals ausformulierte und dann in der 1749 herausgegebenen »Physik« weiter präzisierte.[90]

Für Crusius stand fest, dass sich ein für die Mathematik geltender Standard von Wahrheit nicht ohne weiteres auf jede andere wissenschaftliche Disziplin übertragen lassen konnte, da sich bei genauer und ehrlicher Betrachtung das Feld der absoluten Gewissheit als besonders beschränkt darstellte.[91] Stattdessen verwies er auf Formen und Wege der Erkenntnis, die zwar niemals zu einer demonstrativen Klarheit führen würden, wohl aber zur moralischen Gewissheit. Einen derartigen Erkenntnisweg bezeichnete Crusius als »Weg der Wahrscheinlichkeit«.[92] Dieser sei im Vergleich zu einem rein mathematischen Erkenntnisweg keinesfalls als minderwertig einzustufen, »geben wir doch unsern meisten Demonstrationen allererst um einer Wahrscheinlichkeit willen Beyfall«.[93] Tatsächlich werde sogar in der Naturlehre das meiste durch den Weg der Wahrscheinlichkeit erkannt, weshalb wir mit Blick auf die Phänomene der Physik »in der uns obliegenden Schuldigkeit« anzuerkennen hätten, »mit den Schranken der Erkenntniß, die [der Schöpfer] uns gesetzet hat, zufrieden zu seyn, und zu seiner Wahrhaftigkeit das Vertrauen zu haben, daß er uns durch diejenigen Arten der Erkenntniß nicht betrüge«.[94]

Neben der Logik der Naturlehre schenkte Crusius seine besondere Aufmerksamkeit aber auch der Problematik historischer Erkenntnis. Da sich die erzählte oder in Schriftform tradierte Geschichte immer als »eine gegründete Nachricht von geschehenen Begebenheiten« verstehe, sei es klar, dass keine andere Methode als der Weg der Wahrscheinlichkeit möglich sei, um zu Beweisen zu gelangen, »wodurch gegründete Nachrichten von Erdichtungen, die man vorsetzlich gemacht, oder aus Leichtgläubigkeit angenommen hat, unterschieden werden«.[95] Jeder Bericht über eine lange zurückliegende historische Begebenheit, deren Glaubwürdigkeit man ermitteln wolle, müsse demnach vor allem daraufhin überprüft werden, ob ihm eine innere Wahrscheinlichkeit zukomme. Eine »weitläuftige Erdichtung, welche doch durchgehends eine innerliche Wahrscheinlichkeit behalten soll«, sei nämlich »nicht leichte zu machen«.[96]

Da nun die Auslegung eines von alters überlieferten Textes allein durch den Erkenntnisweg des Wahrscheinlichen geschehen könne, müsse folglich auch für eine seit vielen

Jahrhunderten von Generation zu Generation treu weitergereichte religiöse Offenbarungsschrift gelten: »Wenn in einer geschriebenen göttlichen Offenbarung die Bedeutung gewisser Worte auch nur eine mittelmäßige, aber objectivische und ungeschwächte Wahrscheinlichkeit hat; so ist dieselbe wahr.«[97] Und weil sogar die biblischen Wundergeschichten eine nicht bloß vermeintliche Wahrscheinlichkeit hätten, »da doch die seltenen Dinge manchmal vorkommen«, könnten auch »die Wunder in der heiligen Schrift« als wirklich eingetretene historische Begebenheiten eingeschätzt werden.[98] Somit lasse sich auch belegen, »daß die Geschichte der heiligen Schrift alle historische Glaubwürdigkeit« habe, »die man verlangen kann«, weshalb ihre Leser auch aufgerufen seien, »darnach zu handeln«.[99]

Den Zweiflern unter seinen Studenten, die wie Basedow mit den überlieferten Dogmen ihrer Kirche oder dem historischen Wahrheitsgehalt der Bibel haderten, hatte Crusius damit vorgeführt, dass eine moderne Philosophie mit der Theologie durchaus eine fruchtbare Symbiose eingehen konnte – und das war für den Leipziger Philosophen wohl die wichtigste Konsequenz seiner Lehre vom Erkenntnisweg der Wahrscheinlichkeit. Basedow konnte seinem Lehrer daher nicht genug dafür danken, wie er später bekannte, »daß er mich auf die Beweise und Wahrheiten, wozu wir durch den Weg der Wahrscheinlichkeit und durch das Argument von der Sicherheit gelangen, aufmerksam gemacht hat«.[100] Erst das Philosophiestudium bei Crusius habe ihm die einseitige Forderung, die mathematische Demonstration auch in theologischen Fragen als alleiniges wissenschaftliches Beweismittel zuzulassen, verdächtig gemacht. Seit dieser Zeit habe er deswegen auch erstmals wieder ein tiefes Zutrauen zur Heiligen Schrift gefasst und die Bibelkritik eines »Hobbes, Spinoza« und anderer »nicht von aller Einsicht entblößt[en] Feinde der Religion« eigenständig und selbstbewusst zurückzuweisen vermocht.[101] Seinen Hamburger

Lehrer Reimarus, dessen Unterricht die nun in Leipzig beseitigten Zweifel ursprünglich gesät hatte, erwähnte er in seiner Auflistung der ärgsten Bibelkritiker allerdings nicht.

Indem Basedow seit Ende des Jahres 1747 ein Wiedererwachen seines religiösen Grundvertrauens spürte, öffnete er sich in ganz neuer Weise für Fragen des besonderen Zusammenspiels von Religion und Moral, das zu jener Zeit in Leipzig von einem seiner Kommilitonen in origineller und literarisch aufsehenerregender Weise thematisiert wurde. In der seit 1744 verlegten Zeitschrift »Neue Beyträge zum Vergnügen des Verstandes und Witzes«, die von den ehemaligen Hamburger Gymnasiasten Giseke und Ebert mit herausgegeben wurde, erschienen im Laufe des Jahres 1748 in mehreren aufeinander folgenden Nummern die ersten Gesänge eines religiösen Heldenepos, das die Ideale überkonfessioneller Menschenliebe, innig gefühlter Religiosität und allumfassender Versöhnungsbereitschaft auf eine derart ungewöhnliche und mitreißende Weise ansprach, dass es in ganz Deutschland als literarische Sensation diskutiert wurde. Der Titel des religiösen Heldengesanges lautete »Der Messias«, sein Verfasser war der 24-jährige Friedrich Gottlieb Klopstock.

Der gebürtige Quedlinburger Klopstock, der nach dem Besuch der sächsischen Fürstenschule Pforta sein Studium zunächst in Jena aufgenommen hatte, war wie der gleichaltrige Basedow im Jahr 1746 nach Leipzig gewechselt, wo er sich schon bald mit Vorliebe im Freundeskreis der Hamburger Studenten bewegte. In den von ihnen organisierten Lesekreisen, in denen die Kommilitonen regelmäßig auch eigene schriftstellerische Arbeiten und Gedichte vortrugen, ragte Klopstock als die größte literarische Begabung hervor. Er selbst war allerdings zu scheu, um seine Verse zum Druck zu befördern. Ebert und Giseke holten sich daraufhin in Hamburg beim Dichter Friedrich von Hagedorn, der einen engen Kontakt zu Wilckens unterhielt, Rat und Urteil ein. Hagedorn war von Klopstocks Texten so angetan, dass er

Abb. 12: Der junge Friedrich Gottlieb Klopstock, gemalt von Johann Caspar Füssli d. Ä., 1750/51

den Zürcher Schriftsteller Johann Jakob Bodmer, der damals als die größte literarische Autorität im deutschsprachigen Raum galt, in die Leipziger Vorgänge einweihte. »Noch will er alles geheim gehalten wissen«, wusste Hagedorn über Klopstock zu berichten, »und hat sich nicht entschliessen können, etwas davon in die Beyträge einrücken zu lassen.«[102] Doch brachten Ebert und Giseke den zögerlichen Klopstock schließlich mit vereinten Kräften dazu, sein neuartiges Epos in der von ihnen mitredigierten Zeitschrift zumindest in Auszügen zu veröffentlichen.

Held des von Klopstock verfassten epischen Hymnus ist der Heiland Jesus Christus, dessen Leiden als heroischer Weg zur Erlösung der gesamten Menschheit geschildert wird. Seine entscheidende Tat, bewirkt durch den bereitwilligen Opfertod am Kreuz, ist die »grosse Versöhnung«[103] zwischen dem Schöpfergott und seinen sündhaften Kreaturen. Dieses Versöhnungswerk kann selbst Satan mit seinem besinnungslosen Wüten in der Welt nicht mehr außer Kraft setzen. Eine Vorstellung von der Reichweite dieser Allversöhnung entwickelte der Dichter durch seine Darstellung des Teufels Abbadonaa. Dieser gefallene Engel, der sich im Fortgang des Epos als reuig erweist, ist neben Christus der eigentliche Protagonist der Heldendichtung, denn er kündigt Satan in bußfertiger Gesinnung seine Gefolgschaft auf und gelangt zur Umkehr: »Ich habe kein Theil an dir, ewiger Sünder, / Gottesleugner!«, schleudert er Satan entgegen, »Kein Theil, an deiner finstern Entschließung, / Gott den Messias zu tödten.«[104] Wiewohl Klopstock sich bewusst bedeckt hielt und an keiner Stelle einen Hinweis darauf gab, ob Abbadonaa der Versöhnung des Messias am Jüngsten Tag auch wirklich teilhaftig werden würde, wirkte gerade diese Episode sehr stark auf die Leser ein – auch weil sie nun selbst entscheiden mussten, ob ein ehemals in höllische Boshaftigkeiten verstrickter Teufel schließlich doch noch erlöst werden könne.

Wenn Klopstock es zumindest für vorstellbar hielt, dass sogar ein Teufel in das Versöhnungsgeschehen einbezogen werden konnte, nimmt es nicht wunder, im »Messias« mit Passagen konfrontiert zu werden, die klar auf die künftige Begnadigung aller Menschen abzielen. Immer wieder gibt sich Jesus Christus in Klopstocks Dichtung als Bruder aller Menschen zu erkennen. Davon ergriffen machen sich dann auch seine Anhänger und Jünger den festen Vorsatz zu eigen, »alle, die Gott zum Bilde sich schuf, wie Brüder zu lieben«.[105] Es lag somit in Klopstocks Absicht, echte Religiosität als Herzenssache darzustellen, die es als ihre erste Pflicht verstand, eine umfassende Menschenliebe und Versöhnungsbereitschaft nach Christi Vorbild zur eigenen Haltung werden zu lassen. Diese Botschaft beinhaltete einen Moralbegriff, der überkonfessionell war und nicht von den engen dogmatischen Grenzen einer bestimmten kirchlichen Gemeinschaft beschränkt wurde.

Ausdrücklich wollte der Verfasser des »Messias«, der selbst ein Lutheraner war, über die Grenzen seines offiziellen Bekenntnisses hinauswirken. Dieses Anliegen spiegelte sich in der Weite seiner religiösen Botschaft wider. Beispielsweise war es Klopstocks Wunsch, die Gefühle seiner potentiellen katholischen Leser nicht durch zugespitzte lutherische Auffassungen zu verletzen. Es kam ihm vielmehr darauf an, wo immer möglich ein gemeinsames Glaubensgut herauszustellen. Im Herbst 1748, nur wenige Monate nach der Veröffentlichung der drei ersten Gesänge seines Epos, betonte Klopstock in einem Brief an den Schweizer Dichter Bodmer: »Die Religion der Herren Catholiken hat sich von mir alle Ruhe zu versprechen.«[106] Unter keinen Umständen wollte der Leipziger Student »bey den besten unter seinen katholischen Lesern, den moralischen Wirkungen hinderlich seyn, welche sein Gedicht haben könnte«.[107]

Die Moral einer stets versöhnlich gestimmten, überkonfessionellen und allgemeinen Menschenliebe, die der Verfasser des »Messias« zu vermitteln suchte, hatte an der Universität Leipzig auch unter den Dozenten einen Fürsprecher, der mit seinen Vorlesungen und Schriften ein noch viel größeres Publikum erreichte als der hochbegabte Student Klopstock. Es war der Moralphilosoph Christian Fürchtegott Gellert, der die Sittenlehre in seinen Lehrveranstaltungen nicht nur »auf eine demonstrative Art«[108] gemäß den Regeln einer vernunftorientierten Beweisführung darlegen wollte, sondern so, dass sie auch wirklich »das Herz rührt, bildet und bessert«.[109] Das gelang ihm auf vortreffliche Weise. Mit seiner Redekunst faszinierte und packte er seine Hörer – und er rührte sie auf eine seltsame Weise an. Wer den Ausführungen dieses Hochschullehrers lauschte, meinte plötzlich sein besseres Selbst zu entdecken. Laut den Berichten Goethes, seines berühmtesten Studenten aus späterer Zeit, zeichnete sich der Vortragsstil Gellerts durch einen »etwas hohlen und traurigen Ton« aus, der aber als höchst angenehm empfunden wurde, weil er die echte »Teilnahme des edlen Mannes an unserem Wohl« erkennen ließ.[110]

Wie sein Leipziger Kollege Crusius zog Gellert ungewöhnlich viele Hörer an. Johann Gottlieb Schummel, einer der genauesten Beobachter der deutschen Universitäten im 18. Jahrhundert, wusste zu berichten, dass Gellert überdies die »gesittetste und aufmerksamste«[111] Hörerschaft hatte, die sich nur denken ließ. Üblicherweise, so Schummel, kam nur »die allerkleinste Hälfte« der deutschen Studenten in die Hörsäle, um »zu lernen: Der größte Haufe aber gafft entweder unachtsam die Wände an, oder schläft den gestrigen Rausch aus, oder plaudert, oder führt sich sonst auf eine unanständige und ungesittete Art auf.«[112] Umso erstaunlicher fand Schummel es daher, dass in Gellerts Vorlesungen stets ein vollkommen aufmerksames Publikum zugegen war. Sogar »Kaufleute, Kaufmannsdiener, Künstler, Officiers, Geistliche, selbst manchmal Juden« kamen in sein philosophisches Auditorium, »alle von dem Verlangen getrieben, aus seinem Munde Weisheit zu hören«.[113] Auch Basedow nahm – wie alle anderen Hamburger Kommilitonen – Gellerts Vorträge in sich auf und erfasste dabei die unvergleichliche moralische Wirkung des lebendig-zelebrierten, gesprochenen Wortes.

Gellerts Moralische Vorlesungen lassen sich am besten als Versuch einer Erziehung zur Menschenfreundschaft charakterisieren, denn er stellte die allgemeine Menschenliebe als universal gültiges Menschheitsideal dar. Ungeachtet aller ethnischen und religiösen Unterschiede, die es in der Staatenwelt und in den Gesellschaften der Völker der Erde in nahezu unübersehbarer Zahl gebe, müsse in jedem wahren »Menschenfreunde« ein grenzenlos »gütiges Verlangen«

Abb. 13: Christian Fürchtegott Gellert.
Kupfervignette von C. Darchow, 1784

leben,[114] »die Menschen insgesammt als Glieder der großen Familie Gottes« anzusehen und deshalb »überall aufrichtig, wahrhaft, verschwiegen, bescheiden, freundlich, züchtig, leutselig, und friedfertig mit ihnen zu verfahren«.[115] Indem nun Gellert darauf hinwies, dass alle Menschen »mit uns einerley göttlichen Ursprungs haben, und mit uns ein Gegenstand der allgemeinen Liebe des Schöpfers sind«,[116] folgerte er weiter, »daß in allerley Volk« derjenige, der Gott »fürchtet und recht thut«, diesem Gott »sehr angenehm sey«.[117] Somit konnte Gott durchaus in ganz unterschiedlichen Religionen auf eine ihm gleichermaßen angenehme Weise gedient werden.

Gellert äußerte sich ganz ähnlich in seinem 1747 und 1748 in zwei Bänden erschienenen Roman »Leben der schwedischen Gräfinn von G***«, den er als einen seine Vorlesungen ergänzenden poetischen Versuch der Sittenlehre verstand. So führte er diesen Roman neben rein philosophischen Traktaten zur Sittenlehre in einer von ihm selbst verfassten »Frauenzimmerbibliothek« unter dem Stichwort »Moralische Schriften« auf.[118] In diesem Entwicklungsroman, dessen wichtigster Gegenstand der Bildungsgang einer jungen Frau ist, lässt der Verfasser als Nebenfigur einen Juden auftreten, den er als »Freund« und »großen Wohltäter« seiner Mitmenschen charakterisiert,[119] da er »so viel Menschenliebe«[120] erwiesen habe, dass er »das größte Vertrauen« verdiene.[121] Gellert führte also einer überwiegend christlichen Leserschaft – in der sich in Teilen sehr hartnäckig antijüdische Vorurteile hielten – auf eindrucksvolle Weise vor Augen, dass das von ihm beschworene sittliche Ideal einer religiös fundierten Menschenfreundschaft selbstverständlich auch von einem Andersgläubigen gelebt werden konnte, der nicht einmal Christ sein musste. Menschenliebe bedeutete damit für Gellert die vorurteilsfreie und vorbehaltlose Anerkennung der Religion und Kultur fremder Völker. Noch prägnanter formulierte er diese Auffassung in einem Vers seines Gedichtes »Menschenliebe«, das er in der Leipziger Zeitschrift »Belustigungen des Verstandes und des Witzes« veröffentlichte: »Als Glieder schuf uns Gott, als Bürger einer Welt, / In der des einen Hand die Hand des andern hält.«[122]

Bemerkenswert ist, dass sich Gellert als Universitätsdozent nicht damit begnügte, seine erwachsenen Hörer vom sittlichen Ideal der Menschenliebe zu überzeugen, sondern dass er die Studierenden dazu aufrief, diese moralische Botschaft im Idealfall auch selbst schon bald in einem professionellen pädagogischen Betätigungsfeld an Kinder und Jugendliche weiterzugeben. Das wichtigste Ziel der Erziehung sei es, dass Herz eines Kindes »frühzeitig zu den frommen Empfindungen der Menschenliebe, des Mitleidens, der Gutthätigkeit, der Dankbarkeit, Freundschaft, Demuth und des Vertrauens auf die göttliche Vorsehung zu bilden«.[123] Auf diese Weise lehre ein guter Pädagoge jedes Kind gewiss »alle Menschen als seine Brüder« anzusehen und dabei »den

Wunsch zu fühlen, stets liebreich, wohlthätig, treu, wahrhaft und freundschaftlich gegen alle Menschen zu sein«.[124]

Einer seiner Hörer, der Gellerts Weckruf zur pädagogischen Betätigung tief in sich aufnahm und rundheraus bejahte, war Basedow. In einem der vielen Briefe, die er Wilckens nach Hamburg schickte, rühmte er sich stolz »des Umgangs«[125] mit dem großen Leipziger Moralphilosophen und Schriftsteller. Die Begegnung mit Gellert war nach den ersten Semestern seines Studiums bei Crusius und nach der Bekanntschaft mit Klopstock das dritte prägende Ereignis in der sächsischen Universitätsstadt, das aus dem einst skeptischen Hamburger Gymnasiasten einen zuversichtlichen und gereiften Studenten werden ließ. Wiedergefunden hatte Basedow in Leipzig sein Zutrauen zur biblischen Botschaft, die er im Kern als Plädoyer für eine überkonfessionelle und mit einer weitreichenden religiösen Toleranz ausgestatteten Menschenliebe und Menschenfreundschaft verstand. Mehr und für sein Leben Wichtigeres konnte er in Leipzig kaum lernen, weshalb er nach einem zweijährigen Aufenthalt in Sachsen nicht mehr um eine Verlängerung seines Stipendiums bat, sondern gebildet, bereichert und ermutigt in die norddeutsche Heimat zurückkehrte.

4. Zurück in Holstein

Eine aufklärerische Pädagogik des fröhlichen Spiels

Als Basedow sich im Sommer 1748 wieder in Hamburg einfand, verspürte er den Auftrag, im Sinne Gellerts so rasch wie möglich eine belebende pädagogische Wirksamkeit zu entfalten. Wie gerufen kam ihm daher eine Einladung des holsteinischen Freiherrn Josias von Qualen, der dem jungen Rückkehrer schon im Herbst desselben Jahres das Angebot unterbreitete, auf seinen Gütern als Hauslehrer zu unterrichten. Qualen, der in den 1720er Jahren in Halle die Rechtswissenschaften studiert und somit auch die beiden bedeutenden Frühaufklärer Christian Thomasius und Christian Wolff gehört hatte, war selbst ein hochgebildeter Mann aus altem, seit dem 13. Jahrhundert bezeugtem Adelsgeschlecht. Sein Herrensitz war das nur zwei Meilen nördlich von Kiel gelegene Gut Borghorst bei Gettorf im Dänischen Wohld – einer Halbinsel zwischen Eckernförder Bucht und Kieler Förde – in Sichtweite eines der schönsten Abschnitte der Ostseeküste. Das stattliche Herrenhaus hatte der Besitzer erst 1742 errichten lassen. Mit seinem elegant gestalteten Portal hat es sich bis auf den heutigen Tag in nahezu unveränderter Form erhalten.[126]

Erhalten hat sich auch Qualens Testament, in welchem der weitsichtige Gutsherr seinen Erben neben materiellen Gütern als geistiges Vermächtnis auch Gedanken über die Bedeutung guter Bildung hinterließ. Als das schlechthin »Nothwendige in der Welt«[127] bezeichnete der Adelige eine solide Erziehung, zu der man der Jugend schon beizeiten verhelfen solle, damit diese dann im Erwachsenenalter als Grundlage für alles wohltätige und gottesfürchtige Handeln würde dienen können. Dass man unter ungünstigen finanziellen Umständen auch als wohlmeinender Vater »keine

Abb. 14: Gut Borghorst, Herrenhaus von 1742. Schwarzweißfotografie von einem unbekannten Künstler

Erziehung geben kann«, sei somit »das größte Unglück«, welches Qualen durch »Erfahrung bey andern vielen Gelegenheiten in der Welt gesehen«[128] habe. Seinem eigenen Sohn, der wie der Vater Josias hieß, wünschte er jedenfalls vom frühesten Zeitpunkt an die beste nur denkbare Bildung, die er sich daher auch etwas kosten lassen wollte. Als Qualen mit Basedow über seine zukünftigen Aufgaben als Hauslehrer auf Borghorst verhandelte, war der kleine Josias erst sechs Jahre alt.

Wie wurde Qualen auf den ambitionierten Hamburger Pädagogen aufmerksam? Friedrich August Benzler, Basedows späterer Hausdiener und Gehilfe, glaubte sich noch 1807 daran erinnern zu können, dass sein Brotherr von einem seiner Leipziger Kommilitonen dem bildungsbeflissenen Landedelmann aus Holstein empfohlen worden war.[129] Wahrscheinlich war Klopstock der entscheidende Fürsprecher gewesen. Als Autor des »Messias« verfügte er über einen großen Bekanntheitsgrad und damit über einen entsprechenden Einfluss. Nach einem ersten Gespräch mit Basedow fasste Qualen zu dem Hamburger jedenfalls ein so großes Vertrauen, dass er ihm bei der Unterweisung seines Sohnes völlig freie Hand ließ. Außerdem gestattete er es dem neuen Hauslehrer, sich nebenher auch noch an der Universität Kiel theologisch weiterzubilden, um dort zu gegebener Zeit den Magistergrad erwerben zu können. Wie die sorgfältig geführte Matrikel der Kieler Christian-Albrechts-Universität ausweist, schrieb sich Basedow dort noch im Jahr 1748 ein.[130]

In Kiel hörte er bei dem Theologen Martin Friese, der sich in seinen Vorlesungen in der Hauptsache mit den dogmatischen Differenzen der verschiedenen protestantischen Konfessionen und Sekten befasste. Friese war darauf aus, tragfähige Konzepte zu einer Kirchenunion aller Protestanten auszuarbeiten. Ein selbstgerechtes Ausspielen der orthodoxen lutherischen Lehre gegen die grundlegenden Glaubenssätze der Calvinisten und anderer protestantischer Gemeinschaften war seine Sache nicht. Im Geist der Versöhnung und des friedlichen Miteinanders hatte Friese bereits 1722 erörtert, unter welchen Voraussetzungen es zu einer erneuten Vereinigung von lutherischen und reformierten Christen kommen könne. Dabei mahnte er mit Nachdruck an, von jeder Form der üblen Nachrede gegen Andersgläubige Abstand zu nehmen.[131] Ganz ähnlich argumentierte er in einer 1730 veröffentlichten Festrede aus Anlass des zweihundertsten Jahrestages der Augsburgischen Konfession.[132] Basedow dürfte bei Friese in Kiel gelernt haben, dass die Zugehörigkeit zur lutherischen Tradition gelebt werden konnte, ohne zugleich die Existenz von andersgläubigen Mitchristen als Bedrohung zu empfinden. Die Überlegungen des Professors Friese waren somit sehr leicht mit den auf Toleranz bedachten Ausführungen des Leipziger Hochschullehrers Gellert in Einklang zu bringen.

Auch wenn Basedow sich an der Kieler Universität weiterbildete, war nun sein eigentlicher Beruf, der ihm auch erstmals ein ansehnliches Einkommen eintrug, seine mit

Freude ausgeführte Tätigkeit als Hauslehrer der Familie Qualen. Doch auf Gut Borghorst blieb ihm das Selbststudium wichtig. Er las unaufhörlich und nutzte seine freie Zeit vor allem dazu, sich pädagogisch weiterzubilden. Von allen neueren Erziehungsschriftstellern, die sich um ein zeitgemäßes Verständnis von Bildung und Unterricht verdient gemacht hatten, sagte ihm der englische Arzt und Philosoph John Locke am meisten zu. Lockes kleine einschlägige Abhandlung »Some Thoughts Concerning Education« war 1693 in London erstmals erschienen und gleich in den darauffolgenden Jahren in alle wichtigen europäischen Sprachen übersetzt worden. Kein zweites pädagogisches Traktat prägte den Erziehungsdiskurs des 18. Jahrhunderts so sehr wie dieses Büchlein. In Deutschland waren erste Übertragungen im Jahr 1708 in Leipzig und Greifswald verlegt worden.[133] Auf diese Übersetzungen hatte im Jahr 1724 die Hamburger Wochenschrift »Der Patriot« mit großem Wohlwollen verwiesen. Um der geneigten Leserschaft anzuzeigen, welche Literatur das pädagogische Talent von Eltern und Erziehern in neuerer Zeit am besten schule, empfahl das von Basedows Lehrer Richey redigierte Blatt ausdrücklich die Lektüre von »Herrn Johann Locks Unterricht von Erziehung der Kinder, aus dem Englischen«.[134]

Wer diesen Ratschlag beherzigte und sich in Lockes berühmte Erziehungsschrift vertiefte, der wurde darin schon auf den ersten Seiten – und dann durchgängig – auf ein bestimmtes pädagogisches Prinzip gestoßen, das im Kern alle Aufklärungspädagogik auszeichnet: Der englische Erziehungsphilosoph betonte, dass gelungene Wissensvermittlung sich stets und überall durch die Begünstigung eines solchen Lernens auszeichne, das von elementarer Neugierde, Lust und Spielfreude getragen sei. Zwang und mechanischer Drill hingegen erzeugten sowohl in der Schule als auch in der häuslichen Unterweisung nur Verdruss und führten zu keiner soliden Bildung. Guter Unterricht dürfe niemals auf der

Grundlage von Drohungen und Tadel abgehalten werden, weshalb Locke auch nichts vom häufigen »Schlagen oder Schelten«[135] hielt, wie es in vielen Schulen seiner Zeit an der Tagesordnung war. Vielmehr sollten die Kinder in die Lage versetzt werden, ihre angstfreie »Freude am Lernen«[136] eigenständig zu entdecken und zu kultivieren.

Damit dies aber überhaupt geschehen könne, müssten Erzieher zunächst begreifen, dass die wahre Kunst der Kindererziehung vor allem darin bestehe, alles, was die jungen Schüler »zu tun haben, zu vergnüglichem Spiel und Kurzweil zu machen«.[137] Wie ein visionäres Credo seiner durch und durch modernen Pädagogik liest sich in diesem Zusammenhang der Wunsch, dass jede Erziehungstätigkeit von den Zöglingen im Idealfall als purer Genuss empfunden werden möge. Selten wurde über die befreiende, beseelende und fröhliche Dynamik des Lernens so geschrieben, wie Locke es in den folgenden Zeilen seiner bahnbrechenden Abhandlung tat: »Ich habe mir immer gern vorgestellt, daß man Kindern das Lernen zu Spiel und Erholung machen und sie dahin bringen könnte, Verlangen nach dem Unterricht zu tragen, wenn man ihn als Sache der Ehre, des Lobes, des Vergnügens und der Erholung oder als Belohnung für eine andere Leistung hinstellen [würde].«[138]

Die anschaulichsten Beispiele für einen fröhlichen Unterricht finden sich in jenen Passagen seiner Schrift, in denen Locke für eine tiefgreifende Reform des altsprachlichen Unterrichts wirbt. So solle beim Erwerb des Lateinischen, der internationalen Gelehrtensprache, nicht das stumpfe Pauken der Grammatikregeln im Mittelpunkt stehen, sondern das lebendige Gespräch. Wenn man nämlich das Idiom der alten Römer wie eine Muttersprache erlernen dürfe, könnten schon kleinste Kinder einfache lateinische Dialoge nachsprechen und rasch verstehen. Denn wenn man es recht bedenke, »ist Latein dem Kind, wenn es zur Welt kommt, nicht unbekannter als Englisch, und doch lernt es Englisch ohne Lehrer, Regeln oder Grammatik; so könnte es auch Latein lernen wie Cicero«.[139] Man müsse nur einen Lehrer engagieren, der über gute lateinische Sprachkenntnisse verfügte und über die Bereitschaft, immer in dieser Sprache mit seinen Schülern zu reden.

Halte man sich nur gewissenhaft an diese Vorschläge, dann erwerbe jedes Kind im Umgang mit alltäglichen Dingen und Begebenheiten sehr leicht einen Grundwortschatz sowie einen Vorrat an gängigen Redewendungen, die es ihm jederzeit ermöglichten, auch ohne raffinierte und allumfassende Grammatikkenntnisse eine gepflegte lateinische Konversation zu treiben. Zugleich sei diese natürliche Lehrmethode des freien Parlierens als Vorbild auch für den Unterricht in anderen Fächern geeignet. Denn eine ungezwungene Unterhaltung zwischen Lehrern und Schülern hielt Locke nicht nur für den mit Abstand »leichtesten und besten« Weg des Lernens, sondern als die verlässlichste Methode, mit der Geist und Umgangsformen eines Kindes gebildet und es obendrein »in verschiedenen Wissensgebieten unterrichtet werden könnte, als da sind ein großer Teil der Geographie, der Astronomie, der Chronologie, der Anatomie, dazu einige Abschnitte der Geschichte und alle anderen Gebiete von Sachkenntnissen, die auf sinnlicher Erkenntnis beruhen und wenig mehr als das Gedächtnis beanspruchen«.[140]

Diesen Empfehlungen Lockes folgte Basedow nun als Hauslehrer auf Gut Borghorst in umfassender Weise. Er gestaltete den Lateinunterricht als eine möglichst fröhliche und spielerische Unterweisung, die den jungen Zögling, statt bei ihm Verdruss zu erzeugen, sofort mitriss und zum freiwilligen Lernen anspornte. Bei Dienstantritt hatte er feststellen müssen, dass der kleine Josias nur über eine rudimentäre Lesekompetenz verfügte, die er mit Hilfe seiner Mutter unter großen Anstrengungen »per verba Lutheri«[141] erworben hatte, also durch die gemeinsame, langsame Lektüre des Katechismus und ausgewählter biblischer Geschich-

Abb. 15: John Locke. Ölporträt von Herman Verelst, 1689

ten. Zunächst war Basedow daran gelegen, die Lesefähigkeit des jungen Qualen zu festigen. Nachdem ihm dies gelungen war, entwarf er erste kleinere lateinische Sprachübungen. Ihm kam es darauf an, dem Jungen leichte Redewendungen beizubringen, um mit ihm alsbald eine lateinische »confabulatio«[142] führen zu können, ein kürzeres Gespräch in lateinischer Sprache. In diese Unterhaltung warf Basedow dann immer neue lateinische Vokabeln ein, teilweise auch auf amüsante und belustigende Art, beim Spiel oder bei einem ausgedehnten Spaziergang, so dass der kleine Schüler gleichsam unmerklich seinen lateinischen Wortschatz erweiterte.

Mit grammatischen Regeln und der mühseligen Lektüre von Lehrbüchern über die Eigenarten der lateinischen Sprache traktierte der Hauslehrer seinen Schüler vorerst nicht.

Er hielt diese traditionelle Methode des Sprachunterrichts, die auf das Einpauken der Grammatik setzte, für unnatürlich – denn wie sollte ein Anfänger, noch dazu ein Kind, Deklinationen und Konjugationen lernen, ohne zuvor die Bedeutung einzelner Redeteile begriffen zu haben? Ging es nicht vielmehr darum, durch Sprechen einfacher Dialoge zuallererst die Klangschönheit der lateinischen Sprache zu erlauschen? In Basedows Augen glich der konventionelle Sprachunterricht an den allermeisten städtischen Lateinschulen eher einer zielgerichteten Verdummung als einer guten Unterweisung. Der fortschrittliche Lateinunterricht des Rektors Müller am Hamburger Johanneum, den er selbst genossen hatte, stellte da eine löbliche Ausnahme dar. Doch im Unterschied zu Müller vereinfachte Basedow als Hauslehrer auf Borghorst den Lateinunterricht im Sinne Lockes noch einmal um ein Vielfaches. Er ermunterte den kleinen Josias nämlich dazu, ganz unbefangen und ohne jegliche Kenntnis der Grammatik selbständig lateinische Sätze zu bilden.

Nicht nur seine fortschrittlichen Hamburger Lehrer hätten sich über dieses Vorgehen verblüfft gezeigt. Es hätte auch noch ganz »andre abgeschreckt«, wie Basedow nachmals selbst über sein verwegenes Borghorster Erziehungsexperiment urteilte, den jungen Qualen in folgender Weise »sprechen zu hören: *vidi, ut cucurrant nostras equis*«.[143] Mit diesem in entstellter Grammatik formulierten Satz habe der Junge zum Ausdruck bringen wollen: »[S]iehe wie unsre Pferde laufen.«[144] Das nun überraschte und befremdete seinen Hauslehrer »im geringsten nicht«.[145] Vielmehr folgerte er: »[W]ird nicht auch ein französisches Kind von 7 Jahren, das nach Teutschland kommt, und schon etwas reden will, also reden: Sick, da lauf us Pferden? Wird es denn deswegen, wenn es 10 Jahr in Teutschland bleibt, niemals richtig teutsch lernen?« Basedow ließ sich durch unbeholfene Phrasen seines Schützlings nicht schockieren, sondern er setzte voller Zuversicht auf die Methode, die Anfangsgründe der lateinischen Sprache im möglichst ungezwungenen Gespräch und vor allem mit Freude stückweise zu erlernen.

Erst nach dem Ablauf von etwa zwei Jahren, »als er die Sprache völlig verstand«, ließ Basedow den junge Qualen die lateinische Grammatik auch ganz systematisch studieren, um dieses anspruchsvolle Regelwerk dann allerdings »dauerhaft zu behalten und sich darnach im Schreiben zu richten«.[146] Und das mit Erfolg. Offensichtlich war ein munterer Knabe, der täglich unverkrampft lateinische Konversation trieb und sich auf diese Weise einen großen Wortvorrat anlegte, im Lateinischen weit besser beschlagen als einer, der jahrelang ein vorgegebenes lateinisches Vokabular nur mechanisch auswendig lernte, dazu grammatische Regeln mit Drill repetierte und immer nur wenige Perioden eines klassischen Schriftstellers übersetzte. Jedenfalls fühlte sich Basedow durch die Erfahrungen, die er mit Josias von Qualen machte, in seinen didaktischen Methoden bestätigt. Er war mit sich und seiner Pädagogik im Reinen.

Die Technik des spielerischen Lerngesprächs und witzigen Fragens, die Basedow auf dem holsteinischen Herrensitz der Familie Qualen zunächst im phantasievollen Lateinunterricht ausprobiert hatte, brachte er hernach auch in allen anderen Fächern, in denen er Josias auf Wunsch des Vaters unterweisen sollte, ganz konsequent zur Anwendung. Betrachtungen »in natürlichen Dingen, in der Moral und Politik« oder auch Kenntnisse »von der Nothwendigkeit einer menschlichen Gesellschaft und Obrigkeit, von Gesetzen, Tribut, Krieg und Frieden«, befand er, konnten von einem geschickten Lehrer allesamt »einem Kinde deutlich« gemacht werden, wenn sie nur »gehörig vorgetragen«, also in spielerischer Unterhaltung dargeboten würden.[147] Gemeinsam philosophierten sie so über die Phänomene der Natur, über den Umfang der Welt, die Ausmaße der Meere und Kontinente oder über den gütigen Schöpfergott und dessen Weisheit und Macht. Regelmäßige sportliche Betätigungen des Schülers, mitunter auch ein Wettrennen mit dem Lehrer, lockerten die Unterweisung weiter auf. Mit der Forderung, dass es im Unterricht immer wieder Zeiten der Leibesübungen – also ein regelmäßiges »corporis exercitium«[148] – zur Erholung des Geistes geben müsse, entsprach Basedow übrigens ebenfalls einer der wichtigen Forderungen seines pädagogischen Vorbildes Locke.[149]

Eine möglichst gute Veranschaulichung des Lernstoffes, der am besten mit allen Sinnen erfasst werden sollte, versuchte Basedow in seinen Lerneinheiten ebenfalls zu leisten. Er gestaltete einen lebensnahen Unterricht, der ohne übertriebenen Gedächtnisdrill durch Anregung und Förderung der Beobachtungsgabe den Verstand schärfte und das Kind zur Selbsttätigkeit animierte. Mit Erbsen, Bohnen und Weizenkörnern erklärte der findige Hauslehrer seinem Schüler die vier Grundrechenarten, und ganz handgreiflich demonstrierte er ihm die Lehre von den Brüchen, indem er vor seinen Augen Äpfel oder Birnen zerschnitt, die er dann anschließend, nachdem die Lektion von Josias mit Erfolg gelernt worden war, mit ihm gemeinsam verspeiste.

Trotz einer schweren Krankheit, die Basedow während seiner Zeit als Hauslehrer auf Gut Borghorst für die Dauer eines halben Jahres ans Bett fesselte, gelang es ihm, seinem aufmerksamen und wissbegierigen Schüler binnen annähernd drei Jahren einen bemerkenswerten Bildungsstand zu vermitteln. Bereits Ostern 1752, als Josias gerade zehn Jahre alt war, verfügte er über ein derart solides und umfangreiches Wissen, das ein Jüngling vor Antritt seines Studiums sonst nur ganz selten erreichte. Demnach konnte der junge Qualen, wie Basedow im Rückblick betonte, schon am Ende seines ersten Lebensjahrzehnts als »ein wohlgeübter Gymnasiast gelten«.[150] Dass Basedow nicht zu hoch griff, wenn er das Ergebnis seines Unterrichts als Erfolgsgeschichte ausgab, beweist der weitere Lebenslauf seines Schülers, der sich vorzeitig an der Universität Leipzig immatrikulierte, dann im niederländischen Utrecht Jura studierte, um anschließend in den dänischen Staatsdienst einzutreten. Als Anerkennung für seine in Dänemark erbrachten Leistungen als Verwaltungsjurist wurde Josias von Qualen die höchste Ehrenbezeigung des Landes verliehen: Er erhielt den Elefantenorden.[151]

Eine solche Karriere seines Schülers konnte Basedow im Jahr 1752 selbstverständlich noch nicht voraussehen, nicht einmal erahnen, doch schon zu diesem frühen Zeitpunkt hielt er den Jungen für befähigt zu einem »großen Fortgange«[152] im späteren Leben. Lag es nun an der Pädagogik des fröhlichen Spiels, dass der kleine Josias so rasch und so umfassend gelernt hatte, oder waren dafür nicht noch viel entscheidender dessen überragende geistige Talente verantwortlich gewesen? Basedow wusste, dass man sehr wohl so fragen konnte. Zu allen Zeiten gab es Skeptiker, die jedweden pädagogischen Anstrengungen nur wenig Wert beimaßen und stattdessen stets auf die natürlichen Anlagen der Individuen verwiesen, wenn es zu erklären galt, warum Menschen im Leben Erfolg hatten. »[W]ieviel hat die Methode, und wie viel die glückliche Fähigkeit des Schülers«, so fragte auch der Borghorster Hauslehrer rhetorisch, zum Lernerfolg des jungen Qualen »beygetragen«?[153] Wolle man darauf eine aufrichtige Antwort geben, müsse man ehrlicherweise einräumen: »[D]ieß sey zweifelhaft.«[154] Man könne das schlicht nicht wissen.

Aber bei diesem Achselzucken beließ Basedow es nicht. Denn eine Gewissheit gab es in seinen Augen immerhin doch. »Eine jede Fähigkeit«, betonte er, »sie mag so klein und so groß seyn als sie will«, könne mittels der von ihm gewählten Unterrichtsmethode »zum wenigsten drey mal eher und leichter, auf diese, als auf die gewöhnliche Weise etwas rechtes in den Anfangsgründen der Wissenschaften ausrichten«.[155] Das klang genauso optimistisch wie die programmatisch gemeinte Aussage von Locke, die seinem Traktat über die Erziehung gleich im ersten Paragraphen vorangestellt war: »[I]ch darf wohl sagen, dass von zehn Menschen, denen wir begegnen, neun das, was sie sind, gut oder böse, nützlich oder unnütz, durch ihre Erziehung sind.«[156] Bis auf wenige Ausnahmen, bei denen die Natur oder das Temperament nicht zu zügeln oder zu verändern waren, erhielten die Menschen ihre entscheidende Prägung oder Formung demnach durch erzieherische Maßnahmen ihrer Eltern oder Lehrer, sei es zum Guten oder zum Schlechten. Basedow glaubte gesehen zu haben, dass seine von Locke inspirierte Erziehungsmethode aus Kindern und Jugendlichen das Gute herausbrachte.

So begeistert und überzeugt war er von seinen pädagogischen Erfahrungen, dass er einen genauen Bericht über die Ergebnisse seines Erziehungsversuchs, verfasst in lateinischer Sprache, als Dissertation an der Universität Kiel einreichte, um an der philosophischen Fakultät zum Magister promoviert zu werden. Die Schrift erschien im Jahr 1752 im Druck, ebenfalls in Kiel. Schon im Titel wies der Verfasser voller Stolz darauf hin, dass es sich bei der dargestellten Erziehungsart um die beste, doch leider noch nicht in den allgemeinen Gebrauch übergegangene pädagogische Methode handele.[157] Damit suggerierte er, pädagogisches Neuland betreten zu haben. Er war aber ehrlich genug einzuräumen, dass seine Methode trotz allem nicht ganz und gar »inaudita«[158] sei, also nicht etwa völlig unbekannt, als hätte man noch niemals von dergleichen gehört. Freimütig bekannte er, dass die von ihm nun in Holstein verwirklichte Methode bereits von dem Engländer Locke – den Basedow latinisiert »Lockius«[159] nannte – kenntnisreich beschrieben worden sei.

Wenn Basedow die Abhängigkeit seiner Methode von Locke gar nicht leugnete, sondern zugab, dass er sich entscheidend an ihr orientiert hatte, dann ist zu fragen, was für ihn das eigentlich Neuartige und Außergewöhnliche seiner Borghorster Erfahrungen war. Die Antwort auf diese Frage findet sich im Vorwort seiner Dissertation. Basedow war fest davon überzeugt, dass er als Erster den wissenschaftlichen Nachweis von der Brauchbarkeit und Realisierbarkeit der Locke'schen Erziehungsmethode erbracht hatte. Dass Locke schon 1693 eine Pädagogik des fröhlichen Spiels und des Anschauungsunterrichts gefordert hatte, konnte die Erzieher nicht dazu bewegen, diese Prinzipien im eigenen Unterricht konsequent anzuwenden. Es fehlten dazu offenbar der Mut und die letzte Entschlossenheit. Beides hatte Basedow nun aufgebracht. Insofern wies er Lockes Methode als »experientia confirmatus«[160] aus, als eine nunmehr auch durch Erfahrung bestätigte Erziehungsart. Mit der erfolgreichen Unterweisung des jungen Josias von Qualen hatte er nach eigener Einschätzung endlich den bislang noch fehlenden, empirisch gesicherten Beweis ihrer Praxistauglichkeit erbracht.

Basedows Selbsteinschätzung mag hochtrabend klingen, aber dass er mit seiner Behauptung, auf Borghorst als Pädagoge methodisch-didaktische Pionierarbeit geleistet zu haben, nicht fehlging, belegt eine zwei Jahrzehnte nach Basedows Tod von Goethe bei Friedrich August Wolf in Auftrag gegebene Studie über den »Zustand der Philologie im allgemeinen in der ersten Hälfte des achtzehnten Jahrhunderts, als der Bildungszeit [Johann Joachim] Winckelmanns«.[161] In einem tiefschürfenden Essay, der als ein Teil der von Goethe im Jahr 1805 edierten »Skizzen zu einer Schilderung Winckelmanns« erschien, datierte der bedeutende Altphilologe die ersten Anfänge einer spielerischen Pädagogik und einer natürlichen Lehrmethode des Lateinunterrichts in Deutschland auf das Jahr 1752, also genau auf den Zeitpunkt, wie Wolf hervorhob, als »die erste Basedowsche Ankündigung der ›Inusitata et optima methodus erudiendae juventutis honestioris‹«[162] erfolgte.

Wolf, der bestens über die Entwicklung des lateinischen Sprachunterrichts im 18. Jahrhundert informiert war, hielt damit Basedows Bemühungen für bedeutsamer als die Anstrengungen seiner Vorgänger. In gewisser Weise bestätigte er damit auch Basedows Einschätzung, dass ein publizierter Bericht über eine mit Erfolg durchgeführte Erziehungs-*praxis* auf eine interessierte Öffentlichkeit überzeugender und anregender wirkte als das Diskutieren noch so interessanter *Theorien*. Ähnlich wie Wolf argumentiert heute einer der besten Kenner der lateinischen Sprache, der Münchner Altphilologe Wilfried Stroh, der den Borghorster Hauslehrer ausdrücklich für seine »auf lustvollen Unterricht ausgerichtete Reformpädagogik der Aufklärung« lobt, weil Basedow »im Lateinsprechen den besten Weg zum immer noch unumgänglichen Lateinlernen erkannte«[163] und in Analogie dazu auch alle anderen Unterrichtsfächer und Lerninhalte entsprechend lebendig und spielerisch vermittelte.

Der Unterricht auf Borghorst war auch für den Lehrer Basedow selbst so vergnüglich verlaufen, ja die glückliche Lehrerfahrung hatte ihn derart erfüllt, dass er den Wunsch verspürte, sein Geschick als Lehrer nun auch einmal an einer größeren Anzahl von Schülern »zugleich zu bewerkstelligen«.[164] Um sich für ein entsprechendes Lehramt ins Gespräch zu bringen, genügte es nicht, nur eine lateinische Dissertation zu verfassen. Mit dieser wurde er zwar, wie erhofft, am 7. Juni 1752 in Kiel zum Magister promoviert, doch konnten nur Gelehrte eine in lateinischer Sprache abgefasste Abhandlung lesen und verstehen. Basedow trachtete jedoch danach, auch all denen einen Bericht über sein Erziehungsexperiment vorzulegen, die der lateinischen Sprache nicht mächtig waren. In deutscher Sprache publizierte er noch im Jahr des Erwerbs des Magistergrades eine »Kurze Nachricht«, in der er ausführlich zur Darstellung brachte, »in wie ferne die Lehrart des Privat=Unterrichts« des Josias von Qualen auf Borghorst »wirklich ausgeübet sey, und was sie gewirket habe«.[165] Er verlegte diese Schrift in seiner Vaterstadt Hamburg.

Die Publikation erfüllte ihren Zweck schon sehr bald. Wie Basedow sich später erinnerte, wurde es sofort »in Hollstein landkundig«, dass er durch seinen innovativen Unterricht mittels der Methode des fröhlichen Spiels »einen jungen Cavalier, von dem Ende seines siebenten bis an das Ende des zehnten Jahres, in Wissenschaften und Sprachen zu einer fast erstaunlichen Fertigkeit gebracht hatte«.[166] Sein Bericht über den auf Borghorst praktizierten Unterricht fiel auch dem Hofkanzler und damit Regierungsoberhaupt von Holstein-Gottorf, Johannes von Pechlin, in die Hände. Der Kanzler Pechlin, der sich in diplomatischer Mission häufig in Kopenhagen aufhielt, unterhielt zu allen maßgeblichen Persönlichkeiten der dänischen Regierung einen engen Kontakt. Überaus angetan von Basedows »Kurzer Nachricht« lenkte er die Aufmerksamkeit der für Kultur- und Bildungsfragen zuständigen dänischen Minister auf den Borghorster Hauslehrer.[167] Bei diesen handelte es sich um den dänischen Premierminister Adam Gottlob von Moltke und den Außenminister Johann Hartwig Ernst von Bernstorff. Beide unterbreiteten Basedow schon im Spätsommer 1752 das ehrenvolle Angebot, eine Stelle als Professor an der dänischen Ritterakademie zu Sorö zu bekleiden.

Basedow fühlte sich geschmeichelt, bat sich jedoch Bedenkzeit aus. Denn einen bedeutenden Ruf als Zentrum der europäischen Intelligenz hatte Dänemark mit seiner Hauptstadt Kopenhagen um die Mitte des 18. Jahrhunderts in Deutschland noch nicht. Erst in den 1760er Jahren begann Johann Gottfried Herder davon zu träumen, von Kopenhagen aus »Funken zu schlagen, zu einem neuen Geist der Litteratur«.[168] Noch galt Dänemark den meisten Literaten als ein viel zu entlegenes Land hoch im Norden. Als Basedows Leipziger Kommilitone Ebert dort im Jahr 1750 ebenfalls eine Lehrtätigkeit hätte aufnehmen können, winkte er daher auch schnöde ab mit den bezeichnenden Worten: »Warum nicht auch in Island oder Sibirien.«[169] Erst Klopstock veränderte diese verbreitete Einstellung, als er im Frühjahr 1751 nach Kopenhagen zog, wo ihm der dänische König Friedrich V. eine stattliche Pension zahlte, damit der Dichter in Muße seine Arbeit am »Messias« vollenden konnte. Klopstock war es auch, der Basedow letztlich dazu überreden konnte, Borghorst zu verlassen, um in Dänemark ein neues Kapitel der Pädagogikgeschichte zu schreiben. Sicher half dabei auch ein beruhigender Hinweis des Dichters, der das dänische Klima weit angenehmer zeichnete, als es der unwissende Ebert getan hatte: »Koppenhagen empfindet so viele Einflüsse vom Nordpole nicht, als man sich gewöhnlich vorstellt, u[nd] es ist hier Frühling, wie in Sachsen.«[170]

Basedow entschloss sich also dazu, Holstein zu verlassen, um nach Dänemark überzusiedeln. Er ging nicht allein. Mit ihm zog seine junge, frischangetraute, ebenfalls aus Hamburg stammende Frau Anna Emilie, geborene Dumas, die er als Gouvernante der Familie Qualen auf Borghorst kennengelernt und bereits kurz nach Erhalt des Stellenangebots geheiratet hatte. Im Moment des Aufbruchs nach Dänemark war Anna Emilie schon im zweiten Monat schwanger, das junge Paar sah einer hoffnungsfrohen Zukunft in ganz neuen Lebensumständen entgegen. Im Januar 1753 trafen die Eheleute in Sorö ein. Am 26. Januar erhielt Basedow seine Bestallungsurkunde.[171] Zugewiesen wurde ihm ein eigenes Haus mit einem schönen, großen Garten. Aus dem ehemaligen Borghorster Hauslehrer war nun ein königlich-dänischer Professor geworden, der ein stattliches Einkommen bezog. Basedow konnte jetzt als arriviert gelten, doch sein Ansinnen war es, von Dänemark aus eine tiefgreifende pädagogische Reform des europäischen Schulwesens in Gang zu setzen. Die Umstände für ein solches Vorhaben waren günstig, denn auch die dänische Regierung hatte ehrgeizige Pläne.

5. Dänemark

Professor Basedow erlangt europaweite Prominenz

Eine für die Entwicklung des Landes wegweisende Klimaänderung auf dem Gebiet der Kulturpolitik, aus der sich weitreichende Folgen für das nationale Bildungswesen ergaben, hatte in Dänemark bereits im Jahr 1746 mit der Thronbesteigung Friedrichs V. eingesetzt. Dieser feierliche Wechsel an der Spitze eines riesigen Staates und Herrschaftsbereichs – der als sogenannter »Gesamtstaat« (dänisch: *Helstaten*) neben Dänemark auch Norwegen, die Färöer, Grönland, große Teile der Herzogtümer Schleswig und Holstein, die Karibikinseln St. Thomas, St. Croix und St. John, Abschnitte an der afrikanischen Goldküste sowie das südostindische Tranquebar umfasste – ist sowohl von der deutschen als auch von der dänischen Geschichtsschreibung als Ausgang aus einer von »Kunst und Weltfeindlichkeit«[172] charakterisierten Periode bezeichnet worden. Die alten Staatsdiener des fromm-pietistischen Königs Christian VI. wurden sukzessive aus dem Dienst entlassen und von neuen Beamten abgelöst, deren kultur- und bildungspolitische Prämissen einer liberaleren und weltoffenen Geisteshaltung verpflichtet waren. Der dänische Gesamtstaat sollte fortan in allen Bereichen mit den führenden europäischen Nationen und Kolonialmächten konkurrieren können, und so wurden Künstler nach Kopenhagen berufen, die auf den Gebieten der Bildhauerei, Malerei, Architektur oder Dichtung zu den Besten ihrer Zeit zählten.[173]

Einerseits erhoffte sich der neue König mit seiner Regierung von den jetzt ins Land geholten Künstlern neben einer belebenden Wirkung auf die heimischen Künste und Wissenschaften vor allem eine Entfaltung von neuer Pracht und gesteigertem Glanz nach außen. Andererseits war die Staatsführung nun auch bereit, wichtige Erträge der eigenen Kulturförderung an Europa und die Welt zurückzugeben. Das eindrücklichste Beispiel dafür war die von Friedrich V. finanzierte dänische Forschungsexpedition nach Arabien, deren wissenschaftliche Erkenntnisse der internationalen Gemeinschaft der Gelehrten ein vertieftes Verständnis für die Kulturen Assyriens und Babylons sowie der Tier- und Pflanzenwelt des Vorderen Orients eröffneten.[174] Der dänische Historiker Ole Feldbæk hat die dänische Kulturpolitik zur Zeit der Regierung Friedrichs V. daher als wichtigen Beitrag zu einem großangelegten Kulturaustausch gekennzeichnet, als ein Nehmen und Geben zum Wohl einer europäischen »Gemeinschaftskultur«.[175]

Ein kulturell außerordentlich bedeutsamer Wirkungsbereich, der von der Förderung eines europäischen Kulturaustauschs durch die dänische Regierung ganz besonders profitierte, war das Gebiet der Erziehungskunst, Bildung und Pädagogik. Tatsächlich übte eine nicht unbeträchtliche Zahl von pädagogischen Reformideen, die vor allem deutsche Gelehrte in Dänemark zu verwirklichen suchten, anschließend auch anderswo in Europa ihre unübersehbare Wirkung aus.[176] Als vornehmsten Ort, an dem neue, liberale und progressive Bildungs- und Erziehungsvorstellungen zunächst experimentell erprobt werden sollten, wählte die neue Staatsführung mit der auf der Ostseeinsel Seeland gelegenen Ritterakademie zu Sorö eine der wahrhaft klassischen Stätten dänischer Gelehrsamkeit aus. Im Mittelalter als Kloster des Benediktinerordens gestiftet, war Sorö im Zuge der Reformation in einen lutherischen Konvent umgewandelt worden, der ab 1586 über eine anerkannte Schule verfügte. Aus der Schule ging 1623 eine Ritterakademie hervor, die dem dänischen Adel als Ausbildungsstätte für den eigenen Nachwuchs diente. Diese Schule für Adlige, die 1737 zwischenzeitlich geschlossen worden war, wurde von Friedrich V. wiedereröffnet und nun ganz konsequent in den Dienst der Ideen der Aufklärung gestellt.

Das bedeutete, dass man die jungen Adligen in Sorö ab sofort vor allem in denjenigen Fächern unterwies, die ihnen zukünftig im dänischen Staatsdienst von erheblichem praktischen Nutzen sein würden. Gefragt waren jetzt die lebenden Sprachen, Politik, Staatsrecht, Ökonomie, Kameralistik und Moral. Das Niveau der Lehrveranstaltungen sollte hoch sein, die Lehrart so modern wie möglich. In gewisser Weise wurde von der Ritterakademie zu Sorö sogar erwartet, in selbstbewusste Konkurrenz zur Universität Kopenhagen zu treten. Denn die schon 1479 gegründete und noch immer einzige Universität des dänischen Gesamtstaates galt der Regierung als völlig verkrustet. Immer wieder hatten die verantwortlichen Minister Friedrichs V. bei ihren diversen Vorstößen zu einer Reform der Hochschule mit Schwierigkeiten zu kämpfen, wenn sie gegen den Willen der zumeist konservativen Universitätsprofessoren neue Hochschullehrer durchsetzen wollten, die modernere Lehrauffassungen vertraten. Als Reaktion auf diese ernüchternden Erfahrungen setzten sie in ihren Reformbemühungen zunehmend auf die Soröer Ritterakademie, die fortan zu einem echten Gegenpol zur Kopenhagener Universität wurde.[177] Innerhalb weniger Jahre bildete sich in Sorö ein »alternatives Universitätsmilieu«[178] heraus.

Für das neue dänische Bildungskonzept, in welchem Sorö eine führende Rolle zugewiesen wurde, zeichneten in erster Linie jene beiden dänischen Staatsmänner verantwortlich, die Basedow nach Dänemark geholt hatten: Adam Gottlob von Moltke und Johann Hartwig Ernst von Bernstorff. Der ursprünglich aus Mecklenburg stammende Moltke war schon in seiner Jugend an den Hof Christians VI. nach Kopenhagen gelangt, wo er ab 1730 dem damaligen Kronprinzen Friedrich als Kammerpage diente und in kurzer Zeit das nahezu unbegrenzte Vertrauen des Thronfolgers erwarb. Als dieser nach dem Tod des Vaters selbst zum König ausgerufen wurde, stieg Moltke umgehend zum Oberhofmarschall

Abb. 16: Der Friedrichsplatz in Kopenhagen mit dem Palais Moltke. Kupferstich von Daniel Nikolaus Chodowiecki nach einer Zeichnung von J. Bang, 1774

auf, womit er *de facto* zum dänischen Premierminister avancierte. Im Verbund mit diesem hohen politischen Amt war es die vertrauensvolle Stellung zu Friedrich V., die »ihm die faktische Königsmacht in die Hände«[179] gab und ihn zum Fundament der Staatsleitung werden ließ. Als Zeichen seiner Ausnahmestellung ließ er sich im Herzen Kopenhagens vom Hofbaumeister Nicolai Eigtved einen Stadtpalast errichten, dessen Großer Rittersaal mit Schnitzereien und Gemälden der Franzosen Louis August le Clerc und François Boucher ausgestattet und mit Stuckarbeiten des Italieners Giovanni Battista Fossati verziert wurde. Als europäisches Gesamtkunstwerk sollte Moltkes Palais den ästhetischen Sachverstand der neuen Staatsführung wie kein zweites Gebäude repräsentieren.

Bernstorff, der wie Moltke mecklenburgischem Adel entstammte, jedoch im hannoverschen Wendland aufgewachsen war, gelangte erst nach längeren Aufenthalten in Italien,

Frankreich, England und Holland in den dänischen diplomatischen Dienst. Als Gesandter Dänemarks residierte er zwischen 1744 und 1750 in Paris, wo er sich eine große Weltläufigkeit aneignete und dabei seine kulturelle Bildung vervollkommnete. Ab 1751 wurde er nach Kopenhagen beordert, um dort die Ämter des Kultur- und Bildungsministers sowie des Außen- und Handelsministers mit dem Vorsitz der Verwaltungsbehörde der deutschen Herzogtümer – der Deutschen Kanzlei – in einer Person zu vereinigen. Mächtiger als Bernstorff war in der dänischen Regierung nur der Premier Moltke, mit dem der Kultur- und Außenminister aber in den Grundzügen der gemeinsam gestalteten Politik völlig übereinstimmte. Die für die Regierungszeit Friedrichs V. von Moltke ausgearbeitete kulturpolitische Agenda fand in jeder Hinsicht auch Bernstorffs Zustimmung. Als Kernpunkt dieses politischen Programms hatte Moltke schon kurz nach Amtsantritt vor allem die erneute »Aufnahme der Wissenschaften«, die »noch viele Verbesserung« erfordere, ausgewiesen.[180] Denn es sei zu beklagen, dass »die einzige Universität in Dero Majestät Reichen und Ländern, bei welcher den Professoren so ansehnliche und festgesetzte Einkünfte von Alters her beigelegt sind, nicht mehreren Nutzen schafft«.[181] Entsprechend setzten Moltke und Bernstorff große Erwartungen in die Entwicklung der Ritterakademie zu Sorö und ihres Lehrkörpers, in den nun auch Basedow integriert wurde.

Der neue Professor wurde in Sorö freundlich aufgenommen. Geradezu herzlich aber war der Umgang, den er auf Seeland mit Klopstock pflegte. Davon zeugt vor allem die Tatsache, dass die beiden ehemaligen Leipziger Studenten regelmäßig das Weihnachtsfest in Klopstocks nördlich von Kopenhagen gelegenem Wohnsitz Lyngby miteinander verlebten. Neben aller Festtagsfreude teilten sie allerdings auch das Leid, das ihnen in gleicher Weise widerfuhr. Im Sommer 1753 verstarb Basedows Frau Anna Emilie kurz nach der

*Abb. 17: Basedows Förderer,
der dänische Minister Johann Hartwig Ernst von Bernstorff.
Kupferstich von Christian Jakob Schlotterbeck, 1772*

Geburt ihres ersten Kindes, des Sohnes Heinrich Josias, im Wochenbett. Auch wenn der Witwer nach Jahresfrist erneut heiratete und Gjertrud Elisabeth Hammer, deren Vater in Slagelille bei Sorö Pfarrer gewesen war, zur Frau nahm, konnte er doch den Verlust seiner ersten Gattin nie recht verwinden. Auch Klopstock, der am 10. Juni 1754 die jüngste Tochter des Hamburger Kaufmanns Peter Moller geheiratete hatte – Margarete, die von ihrem Bräutigam aber stets nur Meta genannt wurde –, musste das gleiche Schicksal erdulden. Vier Jahre nach dem Beginn einer überaus erfüllten Ehe verstarb auch Meta Klopstock im Kindbett, was Klopstock in tiefe Verzweiflung stürzte.

Basedow war der Erste, der Klopstock auf bewegende Weise seine Anteilnahme zum Ausdruck brachte. Er hatte Meta sehr gemocht, und diese Sympathie beruhte durchaus auf Gegenseitigkeit. »Basedow [ist] von Soroe gekommen, welchen ich itzt erst recht kennen lerne, u[nd] der mir sehr gefällt«,[182] hatte Meta Klopstock ihrer ältesten Schwester Elisabeth einst in dem Moment nach Hamburg geschrieben, als ihr der Pädagoge erstmals von ihrem Mann in Lyngby näher vorgestellt worden war. Nun fiel es Basedow zu, Klopstock über den Tod seiner Frau mit einfühlsamen und tröstenden Worten hinwegzuhelfen. Dabei verwies er auf die eigene Erfahrung: »Ich weiß, was Sie empfinden, ich habe es auch erfahren; und mag mir Ihren Jammer kaum recht vorstellen«, schrieb er ihm, verbunden mit dem eindringlich vorgetragenen Rat: »Können Sie Sich durch den Gram durchbeten, und durchdenken, und dadurch endlich ruhig werden: So ist dieses das beste Mittel.«[183] Und er fügte fürsorglich hinzu: »Ich will für Sie beten, so oft ich an Sie denke.«[184]

Basedows Beziehung zu Klopstock, der sich nur sehr langsam von seinem Schmerz erholte, blieb in Dänemark nicht nur auf den privaten Austausch beschränkt. Beide Männer verabredeten sich regelmäßig zu »ernsthafte[n] Unterredungen von der Religion u[nd] Philosophie«[185], wie Klopstock in seinem Arbeitstagebuch notierte. Dabei ging es auch immer wieder um einen angemessenen sprachlichen Ausdruck beim Reden und Schreiben über theologische und moralische Themen. Hier war es gewiss Basedow, der von Klopstock zu lernen hatte. Der Soröer Professor rieb sich allerdings ausdrücklich an der herben und nicht immer eingängigen Sprache des Dichters. Schon Gellert hatte nach Erscheinen des religiösen Heldengedichts »Messias« das »Fremde, Harte, Rauhe, Verwegene«[186] von Klopstocks Sprache hervorgehoben. Basedow teilte dieses Empfinden seines Leipziger Lehrers. Von Carl Friedrich Cramer, der schon zu Lebzeiten des Dichters die erste Biografie Klopstocks veröffentlichte, sind

Einzelheiten überliefert, die für diesen Zusammenhang von Belang sind: »›Aber man wird Ihre Sprache in Deutschland nicht verstehen‹, sagte Basedow zu ihm, da Klopstock ihm einst aus dem Messias vorlas. ›So mag Deutschland sie lernen!‹ antwortete er, und der Erfolg hats gezeigt, wie wenig dies kühne Wort Prahlerei war.«[187]

Moltke förderte den professionellen Austausch von Basedow und Klopstock nach Kräften. Beide verfassten auf Wunsch des Premierministers schon bald nach Beginn ihres Zusammenwirkens in Dänemark Schriften, in denen das heikle Verhältnis von philosophischer Freigeisterei zur Religion und Frömmigkeit bestimmt werden sollte. Zur gleichen Zeit entstanden so in der ersten Hälfte des Jahres 1753 Klopstocks »Drey Gebete eines Freygeistes, eines Christen und eines guten Königs« und Basedows »Versuch, wie fern die Philosophie zur Freigeisterey verführe«. Die Drucklegung von Basedows Essay wurde sogar auf Anordnung Moltkes mit den Mitteln der königlichen Privatkasse finanziert, über die der Oberhofmeister nach Belieben verfügte. Klopstock erhielt die ersten Vorzugsexemplare von Basedows Abhandlung und leitete dessen – heute verschollenes – Dankschreiben dann direkt an den Premierminister weiter.[188]

Das Feld, das Basedow in Dänemark allerdings in der Hauptsache bestellen sollte, war das Gebiet der Pädagogik. Nach den modernsten didaktischen und methodischen Gesichtspunkten sollte er dabei vor allem die anspruchsvolle Sittenerziehung der nachwachsenden dänischen Elite leisten, denn offiziell bekleidete er mit Annahme seiner Berufung nach Sorö das Amt eines Professors für Moralphilosophie.[189] Die eigene Begeisterung, mit der er als Hauslehrer auf Borghorst schon den kleinen Josias von Qualen zum fröhlichen Lernen animiert hatte, wirkte jetzt auch auf die Gruppe der deutlich älteren Akademisten ansteckend. Diese jungen Adligen, die ja dem Kindesalter bereits entwachsen waren, wenn sie in die Ritterakademie zu Sorö eintraten, wurden durch die anschauliche und auch humorvolle Vortragsweise ihres Professors in ganz neuer Weise für ihr Studium interessiert. Vor seiner Berufung waren viele junge Männer den Vorlesungen gelangweilt ferngeblieben. Jetzt wollten sie keinen der Vorträge versäumen. Stolz erinnerte sich Basedow später, wie er es in Sorö nach und nach erreicht habe, dass in seinen Vorlesungen »fast niemals einer aus der Zahl der Herren Akademisten und Hofmeister fehlte«.[190]

Die moralische Bildung seiner Schüler und Studenten war Basedow ein Herzensanliegen. Von Anfang an war er bestrebt, möglichst exakte Informationen über den Wissensstand jedes einzelnen Akademisten einzuholen, um dann in seinen Instruktionen ganz individuell daran anknüpfen zu können. Die erhalten gebliebenen Examinationsprotokolle der Soröer Ritterakademie belegen, dass fast alle Akademisten zum Zeitpunkt ihrer Aufnahme zwar über gute Kenntnisse in der lateinischen Sprache und der logischen Beweisführung verfügten, jedoch in der Moralphilosophie zumeist völlig unbedarft waren. Auch der junge Friedrich von Rosenkranz, der aus einer der ältesten und vornehmsten dänischen Adelsfamilien stammte und später Basedows Musterschüler werden sollte, machte bei seiner Ankunft im Jahr 1755 keine Ausnahme. Im öffentlichen Recht, so steht über Rosenkranz im Protokoll zu lesen, »wußte der Kandidat nichts und auch nicht in der Philosophia moralis«.[191]

Basedow führte die Mehrzahl der jungen dänischen Adligen also überhaupt erst grundlegend in die Materie der Moral- und Sittenlehre ein. In seinen Augen konnte er das allerdings nur dann mit dem gewünschten und nachhaltigen Erfolg tun, wenn er dabei auch auf die Religion zu sprechen kam. Das allerdings war ein heikles Unterfangen, denn als Professor für Moralphilosophie hatte er in erster Linie philosophisch zu argumentieren und nicht etwa theologisch, falls er nicht Gefahr laufen wollte – wie er selbst wusste und einräumte –, in ungebührlicher Weise »die Gränzen meines

Amtes zu überschreiten«.[192] Gemäß seiner an den Universitäten Leipzig und Kiel erworbenen Überzeugung war ein theologisches Grundwissen aber deshalb so unverzichtbar, weil die Tugend, deren Beschreibung und Einübung doch das wesentliche Ziel der Moralphilosophie darstellte, ohne Religion »entweder nicht möglich, oder wenn sie mit heftigen Begierden kämpfen soll, nicht sicher und stark genug sei«.[193] Basedow bemühte sich in Sorö daher beharrlich darum, zusätzlich zur Professur für Moralphilosophie auch noch eine Professur für Theologie übertragen zu bekommen. Im seit dem Reformationszeitalter lutherischen Dänemark war das selbstredend die Professur für evangelisch-lutherische Theologie.

Vakant wurde diese Professur in Sorö durch den Tod des im August 1757 verstorbenen Gemeindepfarrers Peder von Haven, zu dessen Amtspflichten es gehört hatte, an der Ritterakademie auch die theologischen Vorlesungen zu halten. Allerdings hatte von Haven in seinen letzten Lebensjahren kaum noch im Hörsaal gewirkt. In einem Brief an Gellert beklagte Basedow denn auch, dass durch die »Schuld des vorigen Profeßors in der Theologie« die eigentlich im Stundenplan vorgesehenen Vorlesungen über die lutherische Theologie in Sorö »ganz in Abnahme gerath[en]« seien.[194] Im Grunde konnte der neue Professor für Moralphilosophie nur feststellen, dass der theologische Lehrstuhl in Sorö schon seit seiner Ankunft in Dänemark im Jahr 1753 gänzlich verwaist war. Der Leiter der Ritterakademie, Oberhofmeister Carl Juel, hatte daran nichts zu ändern vermocht. Vielleicht fehlte ihm aber auch der Wille, auf die Einhaltung der theologischen Lehre zu achten.

Basedow schickte nun unmittelbar nach dem Ableben des Pfarrers von Haven eine Eingabe an den dänischen König, den er eindringlich darum bat, ihm fortan – zusätzlich zu seinen ohnehin beachtlichen Lehrverpflichtungen als Professor für Moralphilosophie – auch noch zwei der »wöchentlichen Lehrstunden in der Theologie allergnädigst aufzutragen«.[195] Um zu dokumentieren, dass er auch wirklich über die nötige Qualifikation verfügte, die theologische Lehre gekonnt und gemäß den Glaubensvorschriften der lutherischen Konfession zu leisten, verwies er schlicht darauf, dass er immerhin jemand sei, der an den lutherischen Fakultäten der Universitäten Leipzig und Kiel mit Erfolg bei renommierten Professoren »Theologie studiert hat«.[196]

Basedows Gesuch fand bei Friedrich V. Gehör. Bereits vor Ablauf des Jahres 1757 wurde er von der dänischen Regierung autorisiert, seinem Wunsch gemäß nun auch theologische Vorlesungen in Sorö anzubieten. Bemerkenswert ist, dass Basedow die Theologieprofessur bereits zwei Monate nach dem Tod des ehemaligen Amtsinhabers zugesprochen wurde, obwohl der Akademieleiter Juel zunächst dafür plädiert hatte, aus Kostengründen die Stelle vorerst nicht neu zu besetzen. Immerhin stand einem Theologieprofessor in Sorö ein erkleckliches Gehalt von 300 Reichstalern zu. Diese üppige Summe wollte Juel lieber für andere Zwecke verwendet wissen. Dabei führte er als Argument ins Feld, dass die Akademisten als zukünftige Staatsbeamte zur Ausübung ihres Berufs nicht unbedingt zugleich studierte Theologen sein müssten. Außerdem hätten die theologischen Vorlesungen an der Ritterakademie zuletzt ohnehin nur ein Schattendasein gefristet. Juel lenkte erst ein, als Basedow signalisierte, dass er sich auch mit 200 Reichstalern Lohn für die zusätzlichen Lehraufgaben zufriedengeben würde.[197] An Basedows finanziellem Zugeständnis wird ersichtlich, wie sehr es ihm ein Anliegen war, auch die Theologieprofessur übertragen zu bekommen.

In seiner theologischen Antrittsvorlesung hob er nun hervor, dass nur ein der Religion innig verbundener Mensch tugendhaft handeln könne. Denn wahre Tugendhaftigkeit gründe entscheidend auf der Fähigkeit, selbstlos als Menschenfreund für andere tätig zu sein. Dem Gebot, stets das allgemeine Beste der Menschen zu befördern, werde aber nur derjenige in letzter Konsequenz nachkommen können und wollen, der den innigen Glauben teile, dass »GOTT seine Seele nach dem Tode nicht zernichten, nicht in einen Zustand des ewigen Schlafes versinken lassen wolle«.[198] Die Hoffnung, dereinst das ewige Leben zu erwerben, beflügle den pflichtbewussten Dienst am Nächsten. Hinzu komme die für den religiösen und tiefgläubigen Menschen gegebene Gewissheit des Jüngsten Gerichts, in welchem Gott »alle Gedanken, Absichten und heimliche Thaten richten werde, um einen jeden nach seinen Werken zu vergelten«.[199] Deshalb sei gläubigen Menschen beständig daran gelegen, »heilig und vollkommen, das ist, für alle Menschen gemeinnützig, gerecht, redlich, hülfreich und barmherzig [zu] seyn«.[200]

Nur wenige Monate nach seiner theologischen Antrittsvorlesung konnte Basedow die darin geäußerten Gedanken noch anschaulicher zum Ausdruck bringen, als er die Aufgabe hatte, eine feierliche Totenrede auf den plötzlich an den Blattern erkrankten und dann viel zu früh verstorbenen Friedrich von Rosenkranz zu halten, der einer seiner liebsten Studenten gewesen war. In seiner Traueransprache hob er hervor, dass Rosenkranz nicht wegen seiner vornehmen Herkunft, sondern wegen seiner religiösen Überzeugungen ein Muster an tugendhaftem Verhalten abgegeben habe. So habe der Verstorbene gewusst, dass allein die »ächte Gottseligkeit« allezeit »in der Menschenliebe thätig« sei.[201] Gerade die von Rosenkranz geglaubte Verheißung einer künftigen Glückseligkeit sei für die um ihn trauernden Kommilitonen die beste Versicherung gegen die Sorge, er habe »vergeblich tugendhaft und christlich gelebt«. Auf diese Weise an den dahingeschiedenen Rosenkranz erinnernd, appellierte Basedow an alle Akademisten: »Wollte Gott, theureste Zuhörer, wollte Gott, ich könnte Sie dadurch allesamt zu Gottseligen, zu gläubigen, und zu mitleidigen Menschenfreunden machen!«[202]

Nachdem Basedow auf diese Weise in seinen Soröer Vorlesungen und Gelegenheitsreden immer wieder darauf zu sprechen gekommen war, dass erst theologische Einsichten der praktischen Moral entscheidende Orientierung bieten konnten und religiöse Bindungen ein tugendhaftes Verhalten erst wirklich möglich machten, veröffentlichte er im Jahr 1758 sein großangelegtes System einer theologisch begründeten Moralphilosophie, an welchem er parallel zu seiner Lehrtätigkeit schon seit langem gearbeitet hatte. Das auf zwei umfangreiche Bände angelegte Werk, das er gleichzeitig in Kopenhagen und Leipzig verlegen ließ, nannte er »Practische Philosophie für alle Stände«.[203] Schon im Vorwort eröffnete er seinen Lesern, dass er mit dieser voluminösen Studie die Freunde der Philosophie auch zu Freunden der Religion machen wolle, denn »so nützlich überhaupt die practische Philosophie ist; so werden doch die Bewegungsgründe, die Pflichten für Pflichten zu erkennen«, bei jemandem, der die biblische »Offenbarung mit der Vernunft verbindet, weit kräftiger seyn, als bey einem bloßen Philosophen«.[204]

Basedows mit Vehemenz vorgetragene Forderung, die Moralphilosophie auf eine religiöse Grundlage zu stellen, schloss aber auch explizit das Verlangen mit ein, andersgläubigen Menschen mit Respekt zu begegnen. Gerade die geoffenbarte Religion der Christen lehre doch, dass einem »das menschliche Geschlecht« stets »wichtiger« sein müsse »als meine Religionssecte«.[205] Wer die Form seiner eigenen Religiosität hochmütig über den Glauben oder die Frömmigkeit eines anderen Menschen stelle, handele nicht rechtens, zumal allein Gott beurteilen könne, ob jemand, der eine bestimmte »Religion verwirft, oder nicht für zuverläßig hält, ungläubig sey«.[206] So müsse ein fortschrittlicher Staat die Freiheit, »daß man in Religionssachen einige ungewöhnliche Meinungen vortragen und vertheidigen darf«[207], unter allen Umständen wahren. Schließlich sei eine für jedermann freie Untersuchung der verschiedenen Glaubenswahrheiten und konfessionellen Unterschiede »in aufgeklärten Zeiten«[208] unverzichtbar und unerlässlich.

Wie schon sein Leipziger Lehrer Gellert mahnte nun auch Basedow als Soröer Professor die Einhaltung des Gebotes der religiösen Toleranz an, insbesondere mit Blick auf das verbesserungsbedürftige Verhalten der Christen gegenüber den Juden. Wenn man als christlicher Staatsmann oder Verwaltungsbeamter die Juden nämlich, wie das im deutschen Reich und an vielen anderen Orten Europas allzu oft geschehe, »mit vorzüglichen Lasten belegt, oder auszuwandern zwingt«, so sei dies »zwar eine gelinde aber doch ungerechte Art der Verfolgung«.[209] Stattdessen forderte Basedow, dass »Bürger, die eine besondere«, aber dem Gemeinwesen nicht schädliche, ja sogar »gute Religion haben«, nicht von »Aemtern und anderen Vortheilen« ausgeschlossen werden dürften.[210] Die »Partheilichkeit der Christen gegen die Juden« sei demzufolge »eine höchst strafbare Sache«, denn, »Aemter dürfen sie nicht bekleiden, Landgüter nicht kaufen, Handwerk nicht treiben, unter Tagelöhnern und Soldaten werden sie nicht geduldet. Was sollen also die armen Nachkommen Abrahams anfangen?«[211] Basedow rief daher mit Blick auf die – aus seiner Sicht nicht mehr zu akzeptierende – Diskriminierung der Juden dazu auf, dass man ihnen endlich »mit den Christen gleiche Rechte verstattete«.[212]

Um zu dokumentieren, dass eine Politik der religiösen Toleranz, wie er sie einforderte, eine Gesellschaft nicht der inneren Zerrissenheit preisgab, verwies Basedow als leuchtendes Vorbild unter den zeitgenössischen Staaten auf die amerikanische Kolonie Pennsylvania. Dort hatte der Koloniegründer William Penn schon 1701 verfügt, dass die in seinem Staatswesen siedelnden Kolonisten völlige Meinungs- und Glaubensfreiheit genießen sollten. Von diesem Recht machten bis in die Mitte des 18. Jahrhunderts zehntausende europäischer Auswanderer – vor allem aus Deutschland, Irland, Schottland, England und Wales – selbstbewusst Gebrauch. In Pennsylvania lebten Quäker, Lutheraner, Calvinisten, Anglikaner, Baptisten, Mennoniten, Pietisten, eine große Zahl weiterer protestantischer Sekten und Kirchen, aber auch Katholiken und Juden friedlich bei- und miteinander.[213] »[E]in Pennsylvanien« sei demnach ein vortreffliches Exempel, dass ein Staat »bey zwanzig gleich privilegierten Religionen sehr ruhig und glücklich seyn« könne.[214] Eine solche politische und religiöse Ordnung sollte folglich auch in Europa möglich gemacht werden.

Vorbereitend dazu musste jedoch in den Schulen idealerweise eine konsequente Erziehung zur universalen Menschenfreundschaft und religiösen Toleranz durchgeführt werden. Hierfür setzte sich Basedow nun im Rahmen der von ihm entwickelten praktischen Philosophie mit besonderem Nachdruck ein. Dabei betonte er, dass selbstverständlich auch der zur gegenseitigen Duldung aufrufende Religionsunterricht fröhlich und lebendig zu gestalten sei, wie das »besonders Locke«[215] auch für alle anderen Fächer eingefordert hatte. Noch einmal hob Basedow hervor, dass man »in Locks Buche von der Erziehung, etwas vollständigeres und ordentlicheres« über Pädagogik antreffe, »als in den gesammelten Stellen der [Heiligen] Schrift über dieselbe Sache«.[216] Auch er selbst hatte ja deshalb auf Borghorst den von Locke empfohlenen pädagogischen Weg beschritten. Ein guter Lehrer sollte daher die religiöse Unterweisung niemals mit ängstigenden, sondern mit »lauter angenehmen, wenigstens niemals mit verdrießlichen Umständen« verbinden.[217] An erster Stelle lehre er die Kinder daher, jede Form von Hass oder Rache zu verabscheuen. Kein junger Mensch dürfe in der Schule dazu gebracht werden, andere Religionsparteien und Bevölkerungsgruppen zu verachten. Animiere man die Kinder frühzeitig dazu, alle Menschen zu respektieren, erziehe man sie zu gemeinnützigen und glücklichen Bürgern. Zudem gewöhne man sie auf diese Weise an »Gerechtigkeit und Menschenliebe«.[218]

Als Hauslehrer hatte Basedow zu Beginn der 1750er Jahre auf Gut Borghorst den Wunsch geäußert, die dort im Einzelunterricht gesammelten Erfahrungen auch einmal im Zuge der Unterweisung von mehreren, durchaus auch älteren Schülern im Sinne einer weiteren Bestätigung seiner Thesen zu überprüfen. Dies war ihm nun am Ende des Jahrzehnts als Professor an der Soröer Ritterakademie nach eigener Einschätzung gelungen. Auch dort hatte er unter Beweis gestellt, dass ein geschickter und menschenfreundlicher Lehrer im lebendigen Unterricht – in der religiösen Unterweisung wie in allen anderen Fächern – Schüler für das Lernen begeistern konnte. Aus dieser wichtigen Erkenntnis schöpfte er den Mut und die Hoffnung, die dänische Regierung nun auch für den Plan interessieren zu können, das Schulsystem des Gesamtstaates im größeren Stil zu reformieren. So gipfelten seine Ausführungen in der Forderung, die notwendige »Verbeßerung der großen öffentlichen Stadtschulen«[219] herbeizuführen.

Basedows »Practische Philosophie« und das darin formulierte Plädoyer für religiöse Toleranz und einen modernisierten Schulunterricht wurde jedenfalls von den aufklärungsorientierten Zeitschriften inner- und außerhalb Dänemarks mit Begeisterung aufgenommen. Bereits am 1. Mai 1758 erschien eine von Gellert veranlasste Rezension in den Leipziger »Neuen Zeitungen von gelehrten Sachen«. Der anonym schreibende Freund Gellerts, der diese Besprechung verfasste, lobte Basedow in den höchsten Tönen und behauptete schmeichelnd, dass dieser mit derselben Stilsicherheit und »in demselben Geschmacke«[220] geschrieben habe wie das berühmte Leipziger Vorbild. Nicht lange danach pries auch Johann Georg Heinrich Feder, der nachmalige Göttinger Philosophieprofessor, die »Practische Philosophie« in den »Göttingischen Anzeigen von gelehrten Sachen« als »leicht, und unterhaltend, und dennoch reich von philosophischer Erkenntnis«.[221] Die dänische Regierung gab eine zusammenfassende Teilübersetzung des Buches ins Dänische in Auftrag,[222] und im französischsprachigen »Mercure Danois« erkannte der Rezensent Paul-Henri Mallet an, dass besonders Basedows pädagogische Argumentation [»qui traite de l'éducation«] eine der in dieser Hinsicht nützlichsten Abhandlungen [»un des plus utiles«] seiner Zeit sei.[223] Dank dieser freundlichen Besprechungen sorgte der Soröer Professor bei den pädagogisch interessierten Zeitgenossen ab sofort und europaweit für großes Aufsehen.

6. Altona

Angriffe der Orthodoxie und trotziges Segeln im Gegenwind

Spätestens seit 1758 wurden auch die führenden Köpfe der Aufklärung auf den königlich-dänischen Professor aufmerksam, der als erstaunlich beherzter und dazu rhetorisch versierter pädagogischer Reformer auftrat. Seine »Practische Philosophie« und das in ihr entwickelte »System der Erziehung und des Unterrichts«, das er, wie er später schrieb, »nachher niemals aus dem Sinn« ließ[224], erzeugte ein nicht zu überhörendes Echo in der Öffentlichkeit. Ganz überwiegend pflichteten ihm die wichtigsten Denker bei, so dass sich Basedow zu seiner großen Freude im Glanz einer breiten Anerkennung sonnen konnte. Wie ein Blitz aus wolkenlosem Himmel traf ihn daher im Sommer 1759 die unerwartete, mit satirischer Schärfe und Süffisanz vorgetragene Kritik des wohl größten deutschen Aufklärers, Gotthold Ephraim Lessing.

Der gebürtige Sachse Lessing, der als Sohn des lutherisch-orthodoxen Archidiakons Johann Gottfried Lessing in Kamenz aufgewachsen war, hatte sich nach dem Besuch der Fürstenschule St. Afra in Meißen im Jahr 1746 wie Basedow an der Universität Leipzig immatrikuliert, wo die beiden jungen Männer aber zunächst verschiedene Wege einschlugen. Anders als der Student aus Hamburg hatte sich Lessing nämlich schon bald aufs Studium der Medizin geworfen und war zudem nach wenigen Semestern an die Universität Wittenberg weitergewandert, wo er nach Vorlage einer medizinhistorischen Dissertation zum Magister promoviert wurde.[225] In seinen Nebenstunden hatte Lessing mit ständig wachsender Begeisterung eine Vorliebe für Literaturkritik, Poesie und Theater entwickelt. Ab 1747 verfasste er auch selbst Dramen. Bereits 1749 wurde in Leipzig sein Einakter »Die Juden«

aufgeführt, ein Lustspiel, mit dem er – ganz ähnlich wie Basedow – zur Toleranz gegenüber Juden und zum Kampf gegen deren Unterdrückung in der christlichen Mehrheitsgesellschaft aufrief.

Lessing bewegten also spätestens seit der Wende zu den 1750er Jahren ganz ähnliche Themen wie den nach Dänemark übergesiedelten Basedow. So nimmt es nicht wunder, dass Lessing sehr genau wahrnahm, was sich im nördlichen Nachbarstaat Deutschlands auf kulturpolitischem Gebiet tat. Es war ihm nicht entgangen, wer alles, seit Klopstock hier den Anfang gemacht hatte, in den dänischen Gesamtstaat abgewandert war. Schon 1751 hatte sich Lessing halb scherzhaft und halb anerkennend über diese »nördliche Verpflanzung der witzigen Köpfe«[226] Deutschlands ausgelassen. Zu dieser Zeit hatte er sich selbst ebenfalls einen nördlich von Sachsen liegenden neuen Lebensmittelpunkt ausgesucht – allerdings nicht in Skandinavien, sondern in Berlin, der preußischen Haupt- und Residenzstadt an der Spree.

In Berlin schloss Lessing schon bald eine enge Freundschaft mit dem jüdischen Philosophen Moses Mendelssohn und dem Verlagsbuchhändler und Publizisten Friedrich Nicolai. Gemeinsam inszenierten und etablierten sich die drei Freunde als führendes Trio der Berliner Aufklärung. Im Verbund gaben sie ab 1759 die in ganz Deutschland gelesenen »Briefe, die neueste Litteratur betreffend« heraus, ein Periodikum, das den Anspruch hatte, die wichtigsten neuen Publikationen fortlaufend zu besprechen und zum Teil auch heftig zu kritisieren. Auf der Suche nach interessanten dänischen Neuerscheinungen war Lessing auf die seit 1758 in Kopenhagen erscheinende Zeitschrift »Der Nordische Aufseher« gestoßen, in der auch Basedows aufklärerische Religionspädagogik in einer Rezension aus der Feder des Herausgebers, Johann Andreas Cramer, sehr positiv besprochen wurde. Cramer, der aus dem erzgebirgischen Jöhstadt stammte und zeitgleich mit Basedow und Lessing in Leipzig studiert

Abb. 18: Basedows Kritiker, der Schriftsteller Gotthold Ephraim Lessing. Heliogravüre nach einem Gemälde von Georg Oswald May, um 1767/68

hatte, diente dem dänischen Königshaus seit 1754 als lutherischer Hofprediger. Er befand, dass die in Basedows »Practische[r] Philosphie« ausgeführte Darstellung »eines verbesserten Unterrichts in der Religion«, die er nachdrücklich lobte, einer »besonderen Aufmerksamkeit würdig«[227] sei.

In den »Briefen, die neueste Litteratur betreffend« bekannte Lessing nun, dass diese Lobsprüche seine »Neugierde gereizet«[228] hätten. Fortan studierte er den »Nordischen Aufseher« noch genauer, insonderheit die von Cramer selbst verfasste Artikelserie zur Religionspädagogik, die bis zum Sommer 1759 in loser Folge erschien – und die ganz eindeutig Basedows Überlegungen zum verbesserten Religionsunterricht verpflichtet war. So konnte Lessing dort lesen, dass Kinder nicht zu früh mit für sie nur schwer verständlichen Dogmen konfrontiert werden sollten, wie etwa mit den Lehren von der Trinität oder vom Opfertod Christi. Man dürfe nicht den Fehler machen, mit Kindern umzugehen, »als wenn es Erwachsene wären, die einen ganz reifen Verstand hätten!«[229] Stattdessen sollten sie im Religionsunterricht zunächst ausschließlich erfahren, dass es einen gütigen Schöpfergott gab, der alle Menschen liebe. Daraus folge dann das Gebot, »alle Menschen zu gleichen Gesinnungen zu bewegen«, vor allem zu einer auf Toleranz bedachten allgemeinen »Menschenliebe«.[230]

Was Lessing nun bei der Lektüre dieser Zeilen – deren auf religiöse Toleranz zielende Absichten ihm grundsätzlich gefielen – als theologisches Problem ins Auge sprang, war die für ihn klar sichtbare, doch vom Verfasser nicht deutlich ausgesprochene Abkehr von der lutherischen Orthodoxie.[231] Es sei ein Verstoß gegen die reine lutherische Lehre, Kindern die Geheimnisse der wichtigsten Dogmen der Christenheit zu verschweigen. Denn in welchem Alter würden Menschen besser befähigt sein, Geheimnisse »einzusehen, als wir es in unserer Kindheit sind?«[232] Und da die Lehre von der Erlösung der Menschheit durch den Opfertod des gottgleichen Christus nun einmal ein Geheimnis sei, wäre es da »nicht billiger, es gleich ganz der bereitwilligen Kindheit einzuflößen, als die Zeit der sich sträubenden Vernunft damit zu erwarten?«[233] Er, Lessing, müsse sich daher sehr wundern, »wie der ›Aufseher‹ eine so heterodoxe Lehrart zur Nachahmung habe anpreisen können«.[234]

Während Cramer als Herausgeber des »Nordischen Aufseher[s]« einfach schwieg und Lessings Anwürfe schlicht ignorierte, erzürnten Basedow diese umso mehr. Er fühlte sich durch Lessings Kritik an Cramers Religionspädagogik, welche der Berliner Aufklärer in seinen »Briefen, die neueste Litteratur betreffend« ja geradezu verketzert hatte, auch persönlich tief getroffen. So verfasste Basedow umgehend eine

Apologie der im »Nordischen Aufseher« veröffentlichten Vorschläge zu einem verbesserten Religionsunterricht, die als 70 Seiten umfassendes Pamphlet im Frühjahr 1760 in Sorö im Druck erschien.[235] Darin zeigte er sich erbost, dass der Berliner »Criticus«[236], der doch offensichtlich »ein fähiger Kopf« und »ein nützlicher Mann« sei[237], bisweilen sogar wie ein literarisches »Genie« formuliere, seine große schriftstellerische Begabung dazu nutze, den im »Nordischen Aufseher« angepriesenen Religionsunterricht als Ketzerei »anzuschwärzen«[238]. Dabei entspreche die darin zur Anwendung gebrachte Didaktik doch der Vorgehensweise des Apostels Paulus, der bei seiner Missionierung Athens den heidnischen Griechen gegenüber von den schwersten und tiefsten Geheimnissen des Christentums geschwiegen habe. Die Methode des Paulus belege daher, »dass es nicht ketzerisch sey, von Christo anfangs dasjenige zu sagen, was weniger wunderbar ist, und vors erste von dem Schweren und Geheimnisvollen zu schweigen«.[239]

Lessing ließ sich von Basedows Argumenten nicht überzeugen. Diesmal sprach er Basedow in einer Reihe von Literaturbriefen im Sommer 1760 direkt an. Paulus habe in Athen allein deshalb nicht von den tiefsten Geheimnissen des Christentums geredet, weil seine Zuhörer ihm von Anfang an keine große Aufmerksamkeit geschenkt hätten und schon bald wieder fortgegangen wären. Immerhin billigte der Berliner Kritiker dem dänischen Professor zu, mit einer offenkundig »guten Absicht«[240] zur Toleranz erziehen zu wollen. Doch müsse ein »theologischer Projektmacher« eben »mehr als eine gute Absicht haben«[241], wenn sein Projekt überzeugen solle. Vor allem müsse er einfach wissen, dass seine Methode in eklatantem Widerspruch zu »mehr als einer angenommenen Lehre unserer Kirche«[242] stehe.

Lessing hatte mit seiner heftigen Attacke schonungslos offengelegt, dass die von Basedow favorisierte Erziehungsmethode zumindest Züge einer Lehre aufwies, die allem Anschein nach nicht mit dem orthodoxen Luthertum vereinbar war. Tatsächlich erwuchs Basedow nur wenige Wochen nach dem Schlagabtausch mit Lessing eine erbitterte Gegnerschaft aus den Reihen der lutherischen Orthodoxie. Es begann damit, dass im Herbst 1760 mit Frederik Danneskiold-Samsöe ein neuer Oberhofmeister zum Nachfolger des als Stiftsamtmann auf die dänische Ostseeinsel Fünen wechselnden Carl Juel in Sorö installiert wurde. Schon kurz nach Aufnahme seines Dienstes in Sorö fielen dem neuen Leiter der Ritterakademie die Berliner »Briefe, die neueste Litteratur betreffend« mit Lessings Angriffen auf Basedow in die Hände. Der tief religiöse Lutheraner Danneskiold-Samsöe zeigte sich entsetzt: »Kaum war ich einige Tage im Amte«, schrieb er in der Rückschau, »erkannte ich«, dass Basedow »beinahe in allen Teilen der Religion ein falscher Lehrer war«, da er doch glaubte, dass »die Kinder nicht Christum als Gott kennen lernen durften, ehe sie völligere Einsicht erhalten hätten.«[243]

Basedow wurde vom neuen Leiter der Ritterakademie umgehend zum Rapport bestellt. Danneskiold-Samsöe untersagte ihm, auch nur einen Tag länger über die Theologie Vorlesungen zu halten. Nur wenige Wochen später legte er nach. Weil er glaubte, dass er die ihm anvertraute Jugend in Sorö dauerhaft vor Basedows »vergifteter Lehre«[244] würde bewahren müssen, drang er darauf, dass der Professor auch die Vorlesungen über Moral aufgab, um ihn schließlich sogar ganz von der Akademie zu entfernen. Selbst die Aussicht, dass Basedow an einem anderen Ort weiterlehren könnte, behagte ihm nicht. Er regte daher bei der dänischen Staatsführung an, dem Professor, der aus seiner Sicht ein arger Ketzer war, nirgends mehr »zu erlauben, zu lehren oder zu schreiben, da all seine Gedanken in der Theologie falsch und schädlich seien, und in der Moral schlecht«.[245]

Basedow nahm das alles nicht widerspruchslos hin. Er verteidigte sich in einem Brief vom 21. November 1760 an

Danneskiold-Samsö, in dem er darauf verwies, dass sein Hauptwerk, die »Practische Philosophie«, vom vorherigen Oberhofmeister Juel gänzlich unbeanstandet geblieben sei, weshalb sie dann auch problemlos veröffentlicht worden war. Schon deshalb bat er um Verständnis dafür, dass »ich also über meine gedruckte ›Practische Philosophie‹ Vorlesungen halten muss«.[246] Er ahnte aber wohl schon, dass er mit dieser Argumentation keinen Sinneswandel beim neuen Oberhofmeister würde herbeiführen können. So ersuchte er Danneskiold-Samsöe noch im selben Schreiben darum, sollte der Akademieleiter seine Meinung nicht ändern wollen, ihm wenigstens »zu einem anderen Amt gnädig zu verhelfen«, damit er sich und seine Familie, »welche von allem eigentümlichen Vermögen entblösst ist«[247], auch weiterhin ernähren könne. Danneskiold-Samsöe ließ sich aber von dieser Bitte nicht erweichen. Kurz vor dem Weihnachtsfest entließ er den unliebsamen Dozenten und vermerkte in den Akten der von ihm geleiteten Akademie nur kühl und knapp, dass »Professor Basedow von der Akademie abgegangen ist«.[248]

Basedow blieb dem dänischen Gesamtstaat jedoch als pädagogischer Reformer erhalten. Schon im Januar 1761 ließ er die Leitung der Ritterakademie stolz und trotzig wissen, dass er bereits unmittelbar nach seiner Vertreibung aus Sorö als Professor ans »Altonaische Gymnasium«[249] gewechselt sei – also an das 1738 unter der Regierung des dänischen Monarchen Christian VI. als königliches Gymnasium Academicum eingerichtete und ab 1744 als »Christianeum« bezeichnete renommierte Erziehungsinstitut der westlichen Nachbarstadt Hamburgs. 1535 als Fischer- und Handwerkersiedlung an der Elbe erstmals beurkundet, war Altona im Jahr 1640 durch Erbfolge an das Herzogtum Holstein und damit an das dänische Königshaus gefallen, das dem aufstrebenden Ort durch Verfügung von Friedrich III. am 23. August 1664 die Stadtrechte verlieh.[250] Um 1710 zählte Altona bereits 12.000 Einwohner und hatte nach Kopenhagen den Rang der

Abb. 19: Prospect des Königlichen Academischen Gymnasii zu Altona. Kupferstich von Barbara Helene Oeding nach einer Zeichnung von Johann Paul Eberhard, 1744

zweitgrößten Stadt im dänischen Gesamtstaat inne. Brände und Seuchen konnten das Wachstum der Stadt im Folgejahrzehnt nur kurzzeitig aufhalten. Unter der umsichtigen Verwaltung des Grafen Christian Detlev von Reventlow[251], den Friedrich IV. am 16. März 1713 zum königlich-dänischen Oberpräsidenten von Altona eingesetzt hatte, entwickelte sich die Stadt bis zur Mitte des 18. Jahrhunderts zu einem blühenden Gemeinwesen, das mit Hamburg auf allen Ebenen in eine ernst zu nehmende Konkurrenz eintrat.

Reventlow gewährte privaten Eigentümern und Investoren von Neubauten die zollfreie Einfuhr des Baumaterials und eine 20-jährige Abgabenfreiheit. Zudem finanzierte er wichtige öffentliche Bauten auch mit staatlichen Mitteln. Es entstand in Altona ein neues Hafenbecken mit Schiffsanleger an der Elbe, von wo aus sämtliche Exporte in die Herzogtümer Holstein und Schleswig, auch in das dänische Kernland und sogar bis hinauf nach Norwegen ebenfalls zollfrei abgewickelt werden durften. Reventlow bekräftigte überdies die seit 1664 in Altona existierende Religions-, Handels-, und Zunftfreiheit. Innerhalb weniger Jahre entstanden unter

Abb. 20: Das alte Altonaer Rathaus.
Aquarell, Kopie nach einem Original von Jes Bundsen, 1825

seiner Leitung ein Gericht sowie das 1721 vollendete Rathaus, das lange als architektonisches Schmuckstück Altonas galt, bis es 1943 im Zweiten Weltkrieg völlig zerstört wurde. Glücklich überdauert hat den verheerenden Krieg hingegen Altonas Prachtstraße, die Palmaille, die Reventlow als großzügige Allee mit vier Lindenreihen und beidseitigen Fahrwegen anlegen ließ. Zwischen 1721 und 1725 entstanden auch nach Plänen des Stadtbaumeisters Claus Stallknecht oberhalb des Altonaer Fischmarktes die kurz darauf vom Christianeum genutzten stattlichen Schulgebäude.

Hier nun, unmittelbar vor den Toren seiner Vaterstadt Hamburg, setzte Basedow seine pädagogische Wirksamkeit unbeirrt fort. Er wusste, wem er seine dortige Aufnahme zu verdanken hatte. Aus der Bestallungsurkunde »für den Professor Johann Bernhard Basedow als Professor moralium bei dem Gymnasium zu Altona«[252] vom 19. Januar 1761 geht hervor, dass es der Minister Bernstorff war, der Basedows Versetzung nach Altona betrieben hatte, nachdem er von dem Konflikt mit Danneskiold-Samsöe unterrichtet worden war. Schon am 13. Januar hatte Bernstorff angeordnet, dass Basedow »mit Beybehaltung seines Ranges«[253] als Professor ans Christianeum versetzt werden sollte. Das war nicht als Verlegenheitslösung gedacht. Von dem Pädagogen sei, lobte Bernstorff den Professor, in Altona eine bedeutende »Verbesserung des dortigen Gymnasii« zu erwarten, denn die dänische Regierung habe nach wie vor allen Grund, »zu der Geschicklichkeit, der Treue und dem Fleiß dieses Mannes ein großes Zutraun« zu hegen.[254]

Basedows Wechsel nach Altona, wo er mit seiner Familie im Frühjahr 1761 seinen neuen Wohnsitz nahm, kam also keineswegs einer unehrenhaften Demission gleich. Die von Danneskiold-Samsöe beabsichtigte Degradierung wandelte Bernstorff geschickt in einen Karriereaufstieg des Professors um, der nun am Christianeum bei gleichem Gehalt unter verbesserten Bedingungen arbeiten durfte. Auf Bernstorffs Empfehlung verfügte der dänische König Friedrich V., dass Basedow »von den Conferentzen der Professoren, vom Secretariat, vom Directorat, und anderen solchen Verrichtungen gänzlich befreyet«[255] sein solle. Statt also regelmäßig auch lästige Verwaltungsarbeiten durchführen zu müssen, wurde Basedow privilegiert und dazu freigestellt, neben der reduzierten Lehrtätigkeit vor allem als Schriftsteller zu wirken. Auch sollte er am neuen Wirkungsort Überlegungen zu einer Umwandlung des Christianeums in eine Musterschule der aufgeklärten Pädagogik ausarbeiten.[256]

Im November 1763 legte Basedow dem Minister Bernstorff einen Plan zu einer weitreichenden Reform des Altonaer Gymnasiums vor. In diesem Konzeptpapier forderte der Professor eine von ihm selbst, vom Hofprediger Cramer und von Bernstorff gemeinsam geleitete Schulkommission in Kopenhagen, von wo aus das Schulwesen im dänischen Gesamtstaat zentral gesteuert und verwaltet werden sollte. Dem Christianeum sollte dabei die Funktion einer Musteranstalt für das gesamte dänische Bildungssystem zukommen. Als pädagogische Leitwerte sollten überall selbständiges Denken, Menschenfreundschaft und religiöse Toleranz vermittelt werden. »[N]othwendig in das Cabinett einer guten Schule« gehörten aber auch »Bilder, Kupferstiche, Instrumente und andere Nachahmungen der natürlichen Körper«, wodurch man »die Schüler auf die sinnlichste und nützlichste Art belehren« könne, und zwar »zum Vergnügen der Kinder«.[257]

Wiewohl Basedows Memorandum sehr detailliert war, blieb der darin entwickelte Plan fürs Erste unausgeführt. Vermutlich wollte Bernstorff zunächst abwarten, welche Wirkung Basedows neueste Schriften zur verbesserten Religionspädagogik in Altona haben würden. Schon im März 1764 veröffentlichte dieser seinen »Methodischen Unterricht der Jugend in der Religion und Sittenlehre der Vernunft«, dem er als Motto die aufklärerische Losung ›Denket selbst‹ voranstellte.[258] Basedow ging es darum, eine religiös begründete Morallehre vorzustellen, die für alle christlichen Konfessionen in gleichem Maße brauchbar sein würde, die aber auch die außerchristlichen Religionen mit einbezog.[259] Insofern wollte er mit seinem in Altona veröffentlichten Buch zum gegenseitigen Respekt der Religionen aufrufen.

Die Didaktik, die er empfahl, um dieses Unterrichtsziel zu erreichen, ähnelte stark den von Cramer im »Nordischen Aufseher« vorgetragenen religionspädagogischen Methoden. Nicht das traditionelle »Herstammeln unverstandner Worte«[260] sollte den aufklärerischen Religionsunterricht prägen, sondern vor allem ruhige, besonnene und vernünftige »Gespräche mit den Kindern«[261] über die grundsätzlichen Aspekte der Religion und die universalen Grundsätze einer Moral der Menschenliebe. Nicht in den dunkelsten und »tieffsten Geheimnissen des Christenthums«[262] sollten Schüler zunächst unterwiesen werden, sondern in der dialogischen Unterrichtsmethode, die darauf abzielte, »durch selbstgewählte Fragen« des Lehrers – statt durch die in Luthers Katechismus vorgegebenen Fragestellungen – zu überprüfen, »wie weit sein Schüler ihn verstanden habe«[263]. Entscheidend für den Aufbau des Stundenplans sei somit immer die Auffassungsgabe des Schülers, niemals aber die Erwartungshaltung des Lehrers.

Im Unterricht am Altonaer Gymnasium setzte Basedow seine eigenen Forderungen in der Schulpraxis dann auch gewissenhaft um, wobei das Hauptziel für ihn, wie man an den erhaltenen Vorlesungsverzeichnissen des Christianeums sehen kann, in der Erziehung zur religiösen Toleranz bestand.[264] Bei seinen Schülern machte das großen Eindruck, seine Veranstaltungen hatten jedenfalls einen großen Zulauf. Wie schon in Sorö lag das wohl zu gleichen Teilen an dem neuartigen Inhalt, an der ungewöhnlichen Methode wie auch am engagierten Vortragston des Professors. Ganz unzweifelhaft geht aus den Schulakten des Christianeums hervor, dass die Schüler geradezu danach verlangten, von dem Lehrer Basedow unterwiesen zu werden. So notierte ein Kollege im Oktober 1764, dass sich Basedow »durch das Bitten einiger Studirender« habe dazu »bewegen lassen«, zusätzlich auch noch »Donnerstags von 3-4, und Freytags von 10-11 diesen Winter hindurch zu lesen«.[265]

Bei den Vertretern der lutherischen Orthodoxie hingegen waren Basedows Unterricht am Christianeum wie auch seine neuesten schriftstellerischen Arbeiten Grund zur größten Sorge. Besonders Johan Melchior Goeze[266], der in der Nachbarstadt Hamburg an der Kirche St. Katharinen als Hauptpastor wirkte und zugleich der Vollversammlung aller Prediger der Stadtrepublik an Elbe und Alster als Senior vorstand, versuchte die Verbreitung von Basedows Schriften zu verhindern und ihren Verfasser zu verunglimpfen. Als Leiter der Kirchenaufsicht und -verwaltung der Stadt Hamburg teilte er in einer der im Jahr 1764 abgehaltenen Zusammenkünfte seiner Amtskollegen den anderen Predigern mit, dass man den »Basedowischen Phantaseyn«[267] von der Er-

Abb. 21: Johan Melchior Goeze.
Kupferstich von Christian Fritsch, 1767

ziehung der Kinder zur Religion mit aller Entschlossenheit entgegenzutreten habe. Denn wenn das nicht geschehe, wie er sarkastisch hinzufügte, »müßten wir zugleich bitten, die Kirchenthüre mit Wachen zu besetzen, damit keine Kinder«, die einer Predigt noch nicht konzentriert folgen könnten, »hineingelassen würden, u[nd] zu ihrem größesten Schaden den Nahmen des Erlösers nennen hörten«.[268]

Gleich in mehreren Stellungnahmen machte Goeze seine Hamburger Amtsbrüder auf Basedows »Methodischen Unterricht« aufmerksam. Er kritisierte, dass gemäß den Ausführungen dieses Buches ein jedes Kind »bis in das 12. Jahr mit dem größesten Fleiße in der Unwißenheit der Grundlagen der christ[lichen] Religion erhalten werden« solle und

»nicht eher das Vater unser beten lernen« dürfe, »bis es solches verstehet«.[269] Wer jedoch »den Eigenwill und die Begierden der Kinder, so lange will verwildern« lassen, könne später nur noch »in Dornen greiffen, deren Stacheln schon hart und steif sind«.[270] Auch beim Hamburger Senat machte der Hauptpastor Stimmung gegen den Altonaer Professor, und dies ganz offensichtlich mit Erfolg: Eindeutig gegen Basedow gerichtet war die Senatsverordnung von 1764, mit der das Lesen und Verbreiten von Schriften verboten wurde, »worinn die Ehrfurcht gegen die Religion verletzet« und die »durch die Grundsätze der Stadt eingeführte Lehre, und darauf gebauete Kirchen-Verfassung untergraben wird«.[271]

Als Gymnasiallehrer wirkte Basedow jedoch nicht in Hamburg, sondern in der westlichen Nachbarstadt. So kam es Goeze entscheidend darauf an, auch in Altona eine starke Front gegen den dort agierenden Professor zu errichten. Die lutherischen Prediger Altonas, die er als »unsere Männer aus dem geistlichen Orden dänischen Gebietes«[272] bezeichnete, rief er als Wächter der reinen Lehre dazu auf, sich gegen Basedow zur Wehr zu setzen. Erneut fand Goeze, der einer der einflussreichsten orthodoxen Lutheraner seiner Zeit war, das erwünschte Gehör. Nicht nur wurde der missliebige Lehrer Basedow samt seiner Familie von dem Altonaer Propst Johann Gotthilf Reichenbach vom lutherischen Abendmahl ausgeschlossen, auch wurden die Fenster seines Hauses von aufgebrachten Schustergesellen eingeschlagen. Es ist nicht klar, wer die Handwerker zu dieser Attacke aufwiegelte, doch soll Goeze in dieser Zeit am Ende einer seiner Predigten über Basedow gesagt haben, dass man ihn steinigen lassen müsse.[273]

Die Schulakten des Christianeums belegen zudem, dass »[d]ie Prediger« Altonas ab Mitte der 1760er Jahre damit begannen, den »Aeltern ab[zu]rathen«, ihre »Kinder in ein Gymnasium zu schicken, wo ein öffentlicher Lehrer, ihrem Vorgeben nach, heterodoxe Sätze lehrte«.[274] Einzelne Eltern gingen sogar direkt gegen Basedow vor und stellten seinen Anstand in Frage. Der Altonaer Prediger Samuel Fielbaum, dessen Sohn das Christianeum besuchte, behauptete im August 1765 in einer Eingabe an die Schulleitung, der Professor habe den jungen Fielbaum in einer Weinstube zum überreichlichen Genuss alkoholhaltiger Getränke verführt und ihn noch dazu in seinem eigenen Haus in unstatthafter Weise mit »Thee, Caffe und Confect« versorgt.[275] Nach eingehender Prüfung dieser, wie Basedow sofort unterstrich, haltlosen Anklage, kam es im September zur Rehabilitierung des Beschuldigten, als offenbar wurde, dass die Vorwürfe jeder seriösen Grundlage entbehrten. Reumütig bat der Pastor Fielbaum in einem entsprechenden Schreiben um Entschuldigung für die als falsch entlarvten Unterstellungen.[276]

Verständlicherweise gingen die vielen Nachstellungen, Anwürfe und Schmähungen, denen sich Basedow ab Mitte der 1760er Jahre in Altona ausgesetzt sah, nicht spurlos an ihm vorüber. Nicht einmal fünf Jahre nach seiner Entlassung von der Ritterakademie in Sorö und dem anschließenden hoffnungsvollen Neuanfang in Altona befand sich Basedow aufgrund des unnachgiebigen Vorgehens des Hauptpastors Goeze in größeren Nöten als jemals zuvor. Um in dieser bedrückenden Lage überhaupt weiter konzentriert arbeiten zu können, bedurfte Basedow einer Unterstützung und Zuversicht, die ihm, wie er glaubte, einzig und allein die dänische Regierung geben konnte. Denn seine Freunde oder Bekannten wagten nicht, dem so sehr drangsalierten Bildungsreformer in der Öffentlichkeit beizustehen. Selbst Klopstock, der sich nach dem Tod seiner Frau überwiegend in Hamburg aufhielt und erst 1764 von dort aus nach Kopenhagen zurückging, hieß Basedows religionspädagogische Position nur im vertraulichen Gespräch für gut.[277] In seinen Publikationen schwieg er sich in dieser Sache aus.

Seine leidige Lage schilderte der öffentlich verfemte Altonaer Professor daher dem treuen Gönner Bernstorff, dem er gestand, dass seine Gesundheit angesichts der vielen Feindseligkeiten schon erheblich geschädigt sei: Seine an Depressionen grenzende beständige »Kränklichkeit«, so Basedow in einem Brief an den Minister vom 28. Mai 1766, gründe sich »in der beständigen Angst, meine Widerwärtigkeiten von der Intoleranz immer vermehrt zu sehen«.[278] Auch war es Basedow ein großes Bedürfnis, seine von der Orthodoxie angefeindete Position theologisch zu verteidigen. Er hielt die Unterstellung seiner Gegner Goeze und Reichenbach, dass »jene lutherischer wären als ich«[279], für unerträglich, da doch lebendiges Luthertum immer »eine Gewissensfreiheit« beinhalte, »für die Wahrheit nach meiner Erkenntniss zu zeugen«.[280]

Bernstorff, der Basedow im Unterschied zu den Kirchenmännern Hamburgs und Altonas in der Tat für einen ehrlich-frommen Mann hielt, spendete ihm den erbetenen Trost und gab überdies eine Loyalitätsbekundung ab, die ihre beruhigende Wirkung umgehend entfaltete. Erleichtert bedankte sich Basedow beim Minister dafür, dass es ihm gelungen sei, »allen Kummer meines Herzens« erfolgreich »zu zerstreun« und »mich und meine Familie in sicherer Wohlfahrt zu erhalten«.[281] Außerdem verbesserte Bernstorff ein weiteres Mal die Arbeitsbedingungen des Professors, indem er ihn unter Beibehaltung eines großzügigen Gehalts von allen Verpflichtungen am Christianeum befreite. Er verlangte von Basedow aber, trotz des heftigen Gegenwindes, weiter an seinem pädagogischen Reformprogramm zu arbeiten und Schriften zur aufklärerischen Toleranzerziehung vorzulegen.

Noch im Verlauf des Jahres 1766 veröffentlichte Basedow in Altona die Schrift »Betrachtungen über die wahre Rechtgläubigkeit und die im Staate und in der Kirche nothwendige Toleranz«, in der er dazu aufrief, die Angehörigen aller christlichen Konfessionen und dazu sämtliche Mitglieder der jüdischen oder auch anderer Religionsgemeinschaften als gleichberechtigte Bürger zu tolerieren. Voraussetzung für das Wirken der unterschiedlichsten religiösen Gruppen sei allerdings, dass sie »keine friedensstörerische Mittel« bei der Ausübung ihres Glaubens »anwendeten«[282]. Sei dies gewährleistet, könne die »Ertheilung gleicher Bürgerrechte an die Mitglieder aller politisch-unschuldigen Religionen« zur »Beförderung der politischen und bürgerlichen Glückseligkeit ein wahrer Vortheil seyn«[283]. Auch Voltaire habe in seinem wegweisenden »Traité sur la tolérance« »vieles Uebereinstimmende«[284] geäußert. Tatsächlich hatte der französische Aufklärer in seiner nur drei Jahre zuvor erschienenen Toleranzschrift »tous les droits des citoyens [alle Bürgerrechte]« für die Anhänger aller Religionen gefordert, sofern diese nicht »troublent cette societé [in dieser Gesellschaft aufrührerisch wirken]«.[285]

Neben dem Eintreten für eine radikale religiöse Toleranz galt Basedows ganze Aufmerksamkeit weiterhin der Erarbeitung eines modernen Lehrbuchs, in welchem er seine didaktischen und religionspädagogischen Konzepte auf überzeugende Weise zur Anwendung zu bringen suchte. Als Krönung seiner pädagogisch-schriftstellerischen Arbeit galt ihm ein sogenanntes »Elementarwerk«, ein Lehrbuch der gesamten menschlichen Erkenntnis für Kinder und Jugendliche, dessen Niederschrift er in Altona ab 1769 begann. Den berühmten Berliner Künstler Daniel Nikolaus Chodowiecki verpflichtete er noch im selben Jahr vertraglich dazu, dieses auf mehrere Bände angelegte Werk reichlich mit Kupferstichen zu illustrieren. Zur Ostermesse 1770 lagen die ersten 35 Platten vor. Vorstufen der Begleittexte zum »Elementarwerk« veröffentlichte Basedow ebenfalls im Jahr 1770 als »Elementarbuch« und »Methodenbuch«.[286]

Nach einer zehrenden Phase der Bedrückung und Verzagtheit hatte Basedow seine Kräfte also allmählich wiederhergestellt, so dass Altona nicht länger ein Ort der unbarmherzigen Zumutungen war, sondern ein Schutzraum, in dessen sicheren Grenzen er dank der dänischen Regierung einige seiner wichtigsten Bücher verfasste. Erst im Herbst 1771 kam seine für die Bedeutung der Aufklärungspädagogik so fruchtbare Schaffensperiode in Altona zu einem Ende, als sein Beschützer Bernstorff vom neuen dänischen König Christian VII., der jüngere Berater um sich versammelte, entlassen wurde. Basedow musste sich außerhalb des dänischen Gesamtstaates nach einem neuen Wirkungsort umsehen. In Mitteldeutschland wurde er fündig.

7. Dessau

Das Philanthropin als Musterschule des 18. Jahrhunderts

Christian VII. war bereits am 14. Januar 1766 König von Dänemark geworden. An diesem Tag hatte sein Vater Friedrich V. nach kurzer schwerer Krankheit im Alter von nur 42 Jahren ganz überraschend das Zeitliche gesegnet. Der zu diesem Zeitpunkt erst siebzehnjährige neue Monarch war auf die sofortige Übernahme der Amtsgeschäfte nicht hinreichend vorbereitet und deshalb fürs Erste darauf angewiesen, mit Moltke und Bernstorff als den altgedienten Ministern seines Vaters eng zusammenzuarbeiten. Ab April 1768 erlangte jedoch sein aus Altona stammender Reise- und Leibarzt Johann Friedrich Struensee einen immer größeren Einfluss auf das Denken und Handeln des jungen Herrschers. Spätestens seit 1770 verfügte Struensee am dänischen Hof über eine einzigartige Machtposition, die er im Folgejahr dazu nutzte, die alte Ministergarde geschlossen aus ihren Ämtern zu drängen.[287] Basedows langjähriger Förderer Bernstorff wurde am 15. September 1771 von allen politischen Aufgaben entpflichtet. Nur drei Monate später endete auch die Laufbahn des Premierministers Moltke, der ohne Pension aus dem dänischen Kabinett entlassen wurde.

Wiewohl Struensee, der neue faktische Machthaber Dänemarks, zu seiner Altonaer Zeit auch Basedows Arzt gewesen war und mit ihm sogar in regelmäßigen Abständen Fragestellungen der modernen Pädagogik erörtert hatte,[288] wog es für den Gymnasialprofessor am Christianeum doch schwer, dass seine zuverlässigen Beschützer Bernstorff und Moltke mit Schimpf und in Unehren aus ihren Ämtern gejagt worden waren. Ob Basedow wusste, dass Struensee ihn als zukünftigen Lehrer des dreijährigen Kronprinzen Friedrich von Dänemark vorgesehen und seine Bibliothek bereits mit den neuesten pädagogischen Schriften des von ihm favorisierten Hofmeisters bestückt hatte?[289] Jedenfalls fasste Basedow den Entschluss, sich sobald wie möglich aus dem Herrschaftsbereich des dänischen Gesamtstaates fortzubewegen. Als sich dazu die Chance bot, bedurfte es keiner langen Bedenkzeit mehr, um mit der Familie nach einem zehnjährigen Aufenthalt in Altona an einem anderen Ort einen weiteren Neuanfang zu wagen.

Das erste Mal hatte Basedow bereits über alternative Wirkungsstätten nachzudenken begonnen, als König Friedrich V. gerade verstorben war. Im Frühjahr 1766 überlegte er, ob er nicht auch in Großbritannien, in den Niederlanden oder in Preußen als pädagogischer Reformer würde Erfolg haben können, doch nahm er von diesen Plänen bald wieder aus guten Gründen Abstand. »Denn in Holland und Engelland«, so der des Niederländischen und Englischen nicht mächtige Professor, »hindern die Sprachen alle meine Thätigkeit«, und auch »in B[erlin]« seien die Verhältnisse im Umfeld Friedrichs des Großen nicht so, dass er dort rasch auf eine Anstellung hoffen dürfe.[290] Ab 1768 suchte er sich im österreichischen Kronland Siebenbürgen ins Gespräch zu bringen.[291] Ein Jahr später stand er mit den schweizerischen Aufklärern Isaak Iselin und Johann Caspar Lavater in brieflichem Kontakt, um herauszufinden, welche Arbeitsmöglichkeiten sich ihm in Basel, Bern oder Zürich bieten mochten.[292]

Schon hatte Basedow den Minister Bernstorff von seinem Gedankenspiel unterrichtet, bei einem entsprechenden Angebot vielleicht in die Schweiz zu wechseln, als ihn zu Beginn des Jahres 1770 überraschend ein Ruf nach Russland erreichte. Dort sollte er am Hof der aus Anhalt-Zerbst stammenden Zarin Katharina II. das russische Schulwesen beaufsichtigen. Basedow war geneigt, sich auf diese schmeichelhafte Offerte einzulassen. Vorsorglich ließ er seine Schü-

Abb. 22: Johann Bernhard Basedow zur Zeit seines Wirkens in Dessau. Kupferstich von Friedrich Wilhelm Bollinger nach einer Zeichnung von Daniel Nikolaus Chodowiecki

ler und Kollegen durch einen Eintrag ins lateinische Vorlesungsverzeichnis des Christianeums schon einmal wissen, dass er, »si deo ita visum fuerit [so Gott will]«, im Folgejahr auf Einladung der russischen Zarin als Schulinspektor nach St. Petersburg gehen werde.[293] Doch auch dieses vorschnell und mit einem gewissen Stolz verkündete Projekt eines Umzugs nach Russland gelangte nicht zur Ausführung. Denn 1771 erhielt Basedow einen aus seiner Sicht noch viel attraktiveren Auftrag aus Dessau, der es ihm ermöglichte, in der Haupt- und Residenzstadt des Fürstentums Anhalt-Dessau eine Musterschule der Aufklärung nach eigenen Vorstellungen zu gründen.

Es war Ernst Wolfgang Behrisch, Hofmeister des illegitimen Sohnes des dessauischen Fürsten, der seinen Landesherrn Leopold III. Friedrich Franz – den alle Welt vereinfachend nur als Fürst Franz titulierte – zuerst auf Basedow aufmerksam gemacht hatte. Kennengelernt hatten sich Franz und der Altonaer Professor im März 1771, als der schriftstellernde Pädagoge die Messe in Leipzig besuchte und von dort aus auf Bitten des Fürsten nach Dessau weitergereist war. Beide Männer waren sich auf Anhieb sympathisch und erörterten sogleich, welche Rolle Basedow bei einer anzustrebenden Schulreform in Anhalt-Dessau spielen könnte. Noch im Sommer ließ Franz in Kopenhagen anfragen, ob man dort gewillt sei, Basedow für ein Engagement in Dessau freizustellen. Christian VII. versicherte dem deutschen Fürsten im August in einem persönlichen Schreiben, dass er ihm diesen Wunsch gerne erfülle, damit der Professor sich unverzüglich »der Verbeßerung der Schul-Anstalten in Dero Landen«[294] annehmen könne. Als der dänische König im September Bernstorff vom Dienst suspendierte, gab es nichts mehr, was Basedow noch in Altona hätte halten können. Im Herbst 1771 zog er mit Frau und Kindern nach Dessau.

So klein das Fürstentum Anhalt-Dessau sich im Vergleich zu den großen Staaten des föderalen deutschen Reiches – wie Österreich, Bayern, Württemberg oder Hannover – auch immer ausnahm, so vorbildlich schien dieser mitteldeutsche Staat den meisten Zeitgenossen regiert zu werden, seit Franz hier im Jahr 1758 die Regentschaft übernommen hatte.[295] Einer der bekanntesten deutschen Schriftsteller, der Weimarer Prinzenerzieher und Dichter Christoph Martin Wieland, hatte den von Brandenburg-Preußen, Sachsen und Braunschweig-Wolfenbüttel geographisch eingerahmten Kleinstaat Anhalt-Dessau mit seinen nur 35.000 Einwohnern sogar »die Zierde und den Inbegriff des XVIII. Jahrhunderts«[296] genannt. Wer sich in moderner Staatskunst üben wollte, musste sich an Dessau ein Vorbild nehmen. Darum wünschte auch Wieland seinem fürstlichen Zögling Carl August von Sachsen-Weimar zu Beginn der 1770er Jahre »nichts als das Glück«, wenigstens eine Zeitlang »von einem Fürsten, wie Franz von Dessau, zu lernen, unter seinen Augen zu leben, sein Beispiel vor den seinigen zu haben«[297], um auf der Grundlage der so gewonnenen Einsichten die notwendigen Schlüsse für die zukünftige Leitung des eigenen Staates zu ziehen.

Schon nach Ende des Siebenjährigen Krieges, der das Land Anhalt-Dessau finanziell stark belastete, weil Franz dem preußischen König hohe Kontributionen leisten musste, um militärisch nicht behelligt zu werden, hatte der Fürst sein von allen Seiten bewundertes Reformwerk ab 1763 in Gang gesetzt. Unterstützt von innovativen Privatmanufakturen belebte er den Handel, weitete den Obstanbau aus und ließ die Straßen des Landes grundlegend ausbessern. Zudem förderte er die Armenfürsorge und kümmerte sich um die gehobene medizinische Versorgung seiner Untertanen. Auch die Landwirtschaft von Anhalt-Dessau wurde grundlegend modernisiert. Neue Viehfütterungsmethoden und neue Ackerbaugeräte wurden bereitgestellt, Brache, Hut und Trift wurden abgeschafft, Fruchtwechsel bestimmte fortan die Landwirtschaft. Und immer wurden diese Maßnahmen zur Verbesserung der agrarischen Produktion mit der weitgehenden Idyllisierung der Landschaft verbunden. Vor allem die verschiedenen Schlossparks des Fürsten, insbesondere die berühmten Wörlitzer Anlagen, wurden zu naturnahen Gärten umgestaltet.

Das wohl wichtigste Anliegen des Fürsten Franz war es aber, in seinem Herrschaftsbereich den Wert der Würde aller Menschen in ihrer Diversität fest in den Köpfen und Herzen zu verankern. Technische und wirtschaftliche Neuerungen galten ihm nur wenig, wenn nicht auch die Menschlichkeit in Anhalt-Dessau eine dauerhafte Heimstatt erhielt. Der Grad der in einer Gesellschaft etablierten Achtung vor den

Abb. 23: Fürst Franz von Anhalt-Dessau.
Öl auf Leinwand von Johann Heinrich Christoph Franke, um 1775

Mitbürgern in ihrer religiösen und kulturellen Vielfalt ließ sich, wie er fand, am besten daran ablesen, wie umfassend die unterschiedlichen Glaubensbekenntnisse dort toleriert und anerkannt wurden. Insofern trachtete Franz danach, auf dem Gebiet der religiösen Toleranz wirkungsvoll Akzente zu setzen. Die Tradition seines Staates und die Religionspolitik seiner Vorgänger boten dafür beste Voraussetzungen.

Das Land Anhalt-Dessau war, wie das regierende Fürstenhaus, seit dem 17. Jahrhundert in der Mehrheit reformierten, calvinistischen Glaubens, doch stellten die Lutheraner immerhin ein Drittel der Bevölkerung. Daneben genoss auch die winzige katholische Minderheit das Recht der freien Religionsausübung. Eine Besonderheit im damaligen deutschen

Abb. 24: Harmonie der Religionen: Blick auf Synagoge (1790) und Kirche (1809) im Wörlitzer Park. Undatiertes Foto

Reich stellte in Anhalt-Dessau der Status der großen jüdischen Gemeinde dar, die annähernd 1000 Mitglieder umfasste – bei insgesamt etwa 7000 Einwohnern der Stadt Dessau. Zur Zeit der Herrschaft des Fürsten Franz durften die Dessauer Juden einen eigenen Begräbnisplatz und eine neue Synagoge einrichten, sie waren im Handel und im produzierenden Gewerbe tätig und stellten für gewöhnlich den Messerabbiner im benachbarten Leipzig. Jüdische Kaufleute, die während der Leipziger Messen verstarben, wurden in Dessau bestattet. Kein anderer deutscher Territorialstaat bot seinen Einwohnern vergleichbare religiöse Freiheiten.

Die von allen Religionsparteien als wohltuend empfundene religiöse Toleranz in Anhalt-Dessau war jedoch entscheidend vom Wollen und Wirken des Landesherrn abhängig. Um die Akzeptanz für die Präsenz der unterschiedlichsten Religionsgemeinschaften möglichst dauerhaft in das Bewusstsein der Dessauer zu heben, wollte Franz das Unterrichts- und Bildungswesen im von ihm geleiteten Staat dahingehend reformieren, dass die dort zur Schule gehenden Kinder und Jugendlichen schon im frühesten Alter zur Menschenliebe und Toleranz erzogen wurden. Genau deshalb schien ihm Basedow der geeignete Mann zu sein, um diese Vision Wirklichkeit werden zu lassen. »[In meinen Schulen]«, so Fürst Franz, »war Augias Stall, und mir fehlte ein Herkules. Da kam mir Basedow zur Hilfe. Ich rief ihn nach Dessau. Ich begriff seinen Plan.«[298]

Eine Naturkatastrophe, die sich im Moment des Umzugs der Familie Basedow von Altona nach Dessau in dem kleinen mitteldeutschen Fürstentum ereignete, bewirkte allerdings einen Aufschub der Pläne auf unbestimmte Zeit. Sintflutartige Regenfälle, die ein Jahrhunderthochwasser erzeugten, suchten den Kleinstaat im Spätsommer 1771 heim und trafen ihn schwer. Mehrere Elbdämme brachen, was zur Folge hatte, dass die sorgsam angelegte Gartenlandschaft, dazu die vielen Felder und Dörfer des Landes, monatelang unter Wasser standen. Unter Aufbietung der finanziellen Reserven musste sich der Fürst um die möglichst schnelle Wiederherstellung der Agrarwirtschaft in seinem Gartenreich kümmern. Die Schulgründung hatte in diesem Augenblick keine Priorität mehr. Basedow verbrachte die ihm aufgenötigte Wartezeit in Dessau jedoch nicht müßig, sondern widmete sich verstärkt seinem bereits in Altona begonnenen »Elementarwerk«, das er nach Eröffnung der geplanten Schule im Unterricht einzusetzen gedachte.

Fortschrittlicher Unterricht war für Basedow gleichbedeutend mit Anschauungsunterricht. Deshalb arbeitete er gemeinsam mit dem Berliner Künstler Chodowiecki weiter an den schon während seiner Altonaer Tätigkeit begonnenen Kupfertafeln, mit denen er seine eigenen Texte illustrieren wollte.[299] Als er Altona im Herbst 1771 verließ, waren bereits 53 Stiche fertiggestellt worden. In Dessau verdoppelte sich deren Anzahl bis zum Moment der Schulgründung noch einmal auf insgesamt 100 Tafeln. Diese 100 Tafeln wiederum bestanden aus 269 Einzelbildern. Alle Illustrationen sollten in einer Gesamtauflage von 2000 Stück gedruckt werden. Das Geld für seinen Großauftrag an Chodowiecki und seine Berliner Werkstatt konnte und wollte Basedow allerdings nicht allein aufbringen. Auf Reisen, bei persönlichen Begegnungen, in Zeitungsaufsätzen und in anderen Publikationen bat er seine Freunde, Bekannten und Gesprächspartner stets darum, zur Unterstützung seines Projekts »einen Vorschuß«[300] zu gewähren. Tatsächlich gelang es ihm, in ganz Europa begeisterte Förderer für sein reich bebildertes »Elementarwerk« zu gewinnen.

Die eindrucksvolle Liste der 673 Personen und Institutionen, die sich als Geldgeber gerne nennen lassen wollten, umfasst sowohl Fürsten als auch Adlige sowie Bürger aller Konfessionen. Aufgeführt wurden beispielsweise der dänische König Christian VII., die russische Zarin Katharina II., mit dem Abt des Benediktinerklosters Einsiedeln und dem Abt des Augustiner-Chorherrenstiftes Sagan auch zwei katholische Reformer, überdies zahlreiche Professoren und Gelehrte, Vertreter der Schulverwaltungen, die beiden Schweizer Aufklärer Iselin und Lavater, etliche Mitglieder der Berliner jüdischen Gemeinde, eine Vielzahl von Bibliotheken und eine ganze Reihe von Schulen. Diese sehr unterschiedlichen Unterstützer noch vor der Dessauer Schulgründung als Spender gewonnen zu haben, war »eine akquisitorische Glanzleistung«[301] Basedows.

Abb. 25: Philanthropischer Anschauungsunterricht. Kupferstich von Daniel Nikolaus Chodowiecki. Abbildung aus Basedows »Elementarwerk«, 1771/1774

Wiewohl Basedow dem Künstler sehr konkrete Vorgaben für die Bildgestaltung machte, bewahrte sich Chodowiecki bei der Anfertigung der Illustrationen seine künstlerischen Freiheiten. Zudem nahm er die ihm gestellten Aufgaben sehr ernst und informierte sich so gut er konnte über die Themen, die er visualisieren sollte. Chodowieckis zwischen 1770 und 1774 angefertigtem Tagebuch lässt sich entnehmen, dass er bei der Herstellung der einzelnen Kupfertafeln auch regelmäßig Rat bei den Berliner Aufklärern einholte.[302] Bei der Darstellung des jüdischen Lebensalltags gab ihm Moses Mendelssohn wertvolle Hinweise. Der Leibarzt Friedrichs des Großen, Johann Carl Wilhelm Moehsen, übernahm die Durchsicht der medizinischen und anatomischen Teile des »Elementarwerks«. Künstlerfreunde standen Chodowiecki für die Gestalt eines Bildhauers und Malers mehrfach Modell.

Als die Kupfertafeln im Jahr 1774 endlich fertiggestellt waren, boten sie ein Kaleidoskop der Lebenswirklichkeit des ausgehenden 18. Jahrhunderts. Zu sehen waren auf den Illustrationen Szenen der Menschheitsgeschichte, des Familienlebens, der unterschiedlichen religiösen Praktiken, der Ausübung der verschiedenen Berufe, der modernen Naturkunde und Geographie oder auch der Moral- und Sittenlehre aller Völker und Kontinente. Es wurden Details dargestellt und die großen Perspektiven aufgezeigt. Alltäglich-profane Situationen wurden genauso abgebildet wie liebende Mütter oder almosengebende Wohltäter. Den Kindern und Jugendlichen sollten, das war Basedows ausdrücklicher Wunsch, bei der Betrachtung der Bildfolgen die Augen geöffnet werden sowohl für beklemmende Realitäten als auch für die immer gegebenen Möglichkeiten, das individuelle Glück zu schmieden und gleichzeitig die gesellschaftliche Wohlfahrt zu befördern. Es ging dem Pädagogen Basedow ebenso wie dem Künstler Chodowiecki bei ihrer gemeinsamen Erarbeitung der vielen Kupferstiche durchweg um die lebensbejahende, aufklärerische »Ermutigung zu einer positiven Welt- und Selbstsicht«.[303]

Besonders gut sichtbar wird dies auf den Kupfertafeln, die sich mit dem Judentum in Geschichte und Gegenwart befassen. So ist etwa auf einem Bild eine Synagoge zu sehen, vor der sich wütende Menschen versammelt haben, um in aufrührerischer und militanter Weise gegen die friedlich zum Gebet zusammenkommenden Juden vorzugehen. Verblendete Christen werfen in ihrem antijüdischen Wahn Steine, die ihr ausgemachtes Ziel, einen sich wegduckenden und fliehenden Juden, zwar verfehlen, doch durch die Wucht des Aufpralls den Putz an der Außenwand der Synagoge abplatzen lassen. Bewaffnete Soldaten, die aufmarschiert sind, versuchen die brutal gestörte Ordnung wiederherzustellen. Der jugendliche Betrachter der schrecklichen Szene lernt, dass antijüdische Pöbeleien noch immer an zu vielen Orten

Abb. 26: Antijüdische Ausschreitungen. Kupferstich von Daniel Nikolaus Chodowiecki. Abbildung aus Basedows »Elementarwerk«, 1774

vorkommen, jedoch als unwürdige Akte hasserfüllter Menschen zu bewerten sind.

Während auf der Kupfertafel, die den Aufruhr zeigt, die gedemütigten Juden nur aus der Ferne zu sehen sind und somit auf Distanz zum Betrachter gehalten werden, stellen Basedow und Chodowiecki dieser pointierten Darstellung nun ganz bewusst das stolze Porträt eines jungen jüdischen Mannes in detailgetreuer Nahaufnahme gegenüber. Beim Porträtierten handelt es sich um den Berliner Philosophen Mendelssohn, der gebürtig aus Dessau stammt. Mit ihm war Chodowiecki freundschaftlich verbunden. Es ist offenkundig, dass der Künstler Mendelssohns Antlitz mit wohlwollendem Blick betrachtet. Die Botschaft der Darstellung ist klar: Seht her, ein Mensch! Ganz gleich wer wir sind, ganz gleich welcher Religionsgemeinschaft wir angehören,

Abb. 27: Moses Mendelssohn. Kupferstich von Daniel Nikolaus Chodowiecki. Abbildung aus Basedows »Elementarwerk«, 1774

wir sollten einander zuerst als Menschen erkennen und uns dann in unserer ganzen Unterschiedlichkeit akzeptieren lernen. Wir sollen auch aufeinander zugehen, denn Menschen können nur im engen Austausch voneinander lernen und füreinander Verständnis entwickeln.

In den Texten, mit denen Basedow die Abbildungen im »Elementarwerk« ausführlich kommentiert, wirbt er darum, allen friedliebenden Religionsgemeinschaften gerne und aus freien Stücken »Duldung (Toleranz)«[304] zuzugestehen. Für die Juden fordert er einmal mehr eine vollkommene Gleichstellung. Deshalb beklagt er auch, dass »z.B. die Synagogen oder Bethäuser der Juden« nach einigen Landesgesetzen noch immer »nur gewisse Figur und Höhe haben« dürfen.[305] Freie Religionsausübung, für die er plädiert, sieht aber niemals architektonische Beschränkungen der Höhe oder Bauformen von Kirchen, Tempeln und Synagogen vor. Das Gleiche gilt für Moscheen. Auch der Islam muss in Basedows Augen in

Deutschland einen gesicherten und würdigen Ort haben. Muslime waren im 18. Jahrhundert zwischen Nordsee und Alpen in der Regel zwar nur als Kaufleute oder Diplomaten aus dem Osmanischen Reich präsent, doch war ihre Religion in jedem Fall zu respektieren. In einem besonders wichtigen Abschnitt des »Elementarwerks«, der von der »Verschiedenheit der Menschen in der Religion« als einer historischen Gegebenheit handelt, werden die religiösen Praktiken der Muslime den jugendlichen Lesern sogar als auch für Christen vorbildlich geschildert: »Sie beobachten tägliche Betstunden, manches andächtige Waschen und das Almosengeben«, außerdem »vieles Fasten«, die »Enthaltung von gewissen Speisen und Wein« und »endlich viele Feste, besonders das Fest Bairam, als sehr gute Werke Gott zu gefallen«.[306]

Basedow veröffentlichte das nunmehr vollständige »Elementarwerk« in den Ostertagen des Jahres 1774 in Dessau und brachte am selben Ort gleichzeitig auch eine französische und lateinische Übersetzung dieser in vier Bücher unterteilten voluminösen Schrift heraus. Nur wenige Monate später konnte er in der Residenzstadt des kleinen Fürstentums auch seine langersehnte Musterschule der Aufklärung feierlich einweihen: In den Tagen des Weihnachtsfestes 1774 öffnete das neuartige Erziehungsinstitut seine Pforten und nannte sich zunächst programmatisch »Schule der Menschenfreundschaft«, bevor der Schulgründer sich kurzerhand dazu entschloss, die Anstalt gräzisiert in »Philanthropinum« umzutaufen (abgeleitet von Philanthropía, dem griechischen Begriff für Menschenliebe). Diese prägnante Bezeichnung führte in der Folge dazu, dass Basedows Pädagogik – und jede andere Form aufklärerischer Erziehung, die auf ähnlichen Prinzipien gründete – konsequent als philanthropische Pädagogik ausgewiesen wurde.

Welche Wertschätzung das Dessauer Schulprojekt bei Fürst Franz genoss, lässt sich allein schon daran ablesen, dass der Landesherr dem Philanthropinum (oder verkürzt:

Philanthropin) nicht lange nach der Eröffnung ein ansehnliches Stadtpalais mit überaus großzügigen Räumlichkeiten zur Verfügung stellte. Auch in der deutschen Öffentlichkeit verfügte die Dessauer Schule der Menschenfreundschaft schon bald über ein hohes Ansehen. Sogar aus dem europäischen Ausland, von Amsterdam bis Litauen, schickten Eltern ihren Nachwuchs als Schüler an diese Lehranstalt, die auch als Internat diente. Die Zöglinge des Philanthropins wurden in der Regel im Alter von sechs Jahren aufgenommen. Sie verließen die Schule zumeist als gereifte Sechzehn- oder Siebzehnjährige, die dann häufig an eine Universität wechselten.[307]

Zur Immatrikulation in Dessau wurden, den Erwartungen der damaligen Zeit entsprechend, ausschließlich Jungen zugelassen, wobei die Schülerzahl in den ersten Jahren sprunghaft zunächst von 20 auf 60 und dann auf 150 anstieg. Formal machte auch der fortschrittsorientierte Basedow in Dessau keine Anstalten, das Philanthropin für Mädchen zu öffnen, doch hatte bei ihm seit der am 18. März 1769 erfolgten Geburt seiner ersten Tochter Emilie, die er auf den Namen seiner verstorbenen ersten Gattin taufte, immerhin ein Prozess des Umdenkens eingesetzt. So forderte er bereits vor seinem Umzug nach Anhalt-Dessau, Mädchen zukünftig eine bessere Bildung zu ermöglichen, damit diese sich im Notfall auch einmal selbst ihr Brot erwerben könnten, um nicht durchgängig von Männern abhängig zu sein.[308] Zudem gebe es auch Frauen, die »durch ihre Neigung«[309] gar nicht ans Heiraten dächten, sondern Selbständigkeit und Bildung anstrebten. Auch fand Basedow eine aus der Natur begründete Unterscheidung der Geschlechterrollen wenig überzeugend.[310] Bei einem öffentlichen Schulexamen, zu dem er zwei Jahre nach Gründung der Schule alle ihre Unterstützer einlud, verlieh er dieser Überzeugung wirkungsvoll Ausdruck, als er seine zu diesem Zeitpunkt erst siebenjährige Tochter als seine gelehrige Schülerin vorstellte. Emilie konterte kurze und einfache lateinische Fragen gekonnt mit lateinischen Antworten, parlierte gewandt auf Französisch und erläuterte ganz selbstbewusst die wichtigsten Kapitel der Weltgeschichte. Emilie stellte sich somit einem staunenden Publikum als den lebendigen Beweis dafür vor, dass auch Mädchen im Unterricht mit den Jungen durchaus konkurrieren konnten.

Gelebte Selbstverständlichkeit war am Philanthropin die religiöse Vielfalt, die auch in der Zusammensetzung der Schülerschaft und des Lehrerkollegiums gut sichtbar wurde. Die meisten der Zöglinge waren zwar Lutheraner, doch auch Reformierte (Calvinisten) und Katholiken besuchten die Schule in nicht geringer Zahl. Jüdische Schüler, die von ihren Eltern aus Berlin nach Dessau geschickt wurden, waren dort ebenfalls immatrikuliert. Zu verschiedenen Konfessionen bekannten sich auch die Lehrer. Außer Lutheranern und Reformierten zählten zu den elf dauerhaft angestellten Pädagogen noch ein Herrnhuter – der Physiklehrer Christoph Kaufmann – sowie der jüdische Arzt Dr. Peter Samson, der allerdings am Philanthropin für den Zeichenunterricht zuständig war.

Einen konfessionsgebundenen Religionsunterricht gab es an der neuen Dessauer Schule nicht. Gemäß den Vorgaben des »Elementarwerks« wurden die Schüler stattdessen in überkonfessionellen Unterweisungen in die historische Entwicklung der Weltreligionen in ihrer großen Verschiedenheit eingeführt. Dabei durfte keine dieser Glaubensgemeinschaften in der Darstellung in ungebührlicher Weise herabgesetzt werden. Geworben werden sollte für das Verständnis und die Gemeinsamkeiten zwischen den Religionen. Um in der Schülerschaft außerhalb des eigentlichen Unterrichts dennoch das Gefühl für die Bedeutung der Religiosität zu stärken, entschied sich Basedow, zusätzlich zum eigentlichen Lehrplan auch überkonfessionelle Andachten am Philanthropin abzuhalten. In diesen Betstunden kamen alle Lehrer und Schüler als philanthropische Schulgemeinde zusammen, um überkonfessionelle Gebete zu sprechen und Lieder zu singen, die zum Frieden zwischen den Völkern und zum gegenseitigen Respekt der verschiedenen Religionsgemeinschaften aufriefen.

1775 publizierte Basedow dann die von ihm in weltbürgerlichem Geist verfasste Abhandlung »Für Cosmopoliten etwas zu lesen, zu denken und zu thun«, mit der er weiter kräftig die Webetrommel für das Philanthropin rührte. In dieser Schrift skizzierte er als wichtigstes sittliches Erziehungsideal des Philanthropins, dass »Jugend aus verschiednen Kirchen, ohne Widerspruch der Geistlichen, das Menschliche und Bürgerliche zusammen gemeinschaftlich lernen und zugleich in den ersten Jahren sich zur heilsamen Vertragsamkeit gewöhnen können«.[311] Hin und wieder sollte zwar auch den Katecheten der verschiedenen Kirchen und Religionsgemeinschaften in seiner Schule die Gelegenheit gegeben werden, die besonderen Merkmale ihrer jeweiligen Konfession vor den Schülern darzustellen, doch immer nur so, »daß während dieser Lehre kein Menschenhaß wider die Dissidenten, kein Urtheil über die Bosheit und Muthwilligkeit des Irrthumes, kein Verlangen, die Freyheit der Andersdenkenden zu unterdrücken, eingeflößet werde«.[312] Mit anderen Worten: Die Schüler des Philanthropins sollten angst- und vorurteilsfrei in ihrer eigenen Religion bestärkt werden, daneben aber die anderen Glaubensgemeinschaften in ihrer historischen Entwicklung besser verstehen lernen, um im Erwachsenenalter mit Hilfe des eigenen, gereiften und freien Gewissens den für sie glaubhaftesten religiösen Anschauungen zu folgen.

Dass Basedow es vermocht hatte, mit Unterstützung des Dessauer Fürsten das Philanthropin als wahrhaftige Schule der Menschenfreundschaft zu errichten, beeindruckte einige der prominentesten zeitgenössischen Aufklärer zutiefst und entlockte ihnen eine Reihe von enthusiastischen Kommentaren. In seinem »Teutschen Merkur« publizierte Wieland im

Frühjahr 1775 den Beitrag »An alle Menschenfreunde. Über das Philanthropinum in Dessau«, worin er schrieb, dass man sich nicht länger über Basedows Abweichen von den orthodoxen Kirchenlehren mokieren solle, sondern vielmehr den Umstand zu feiern habe, dass er ein Meister in der Erziehungswissenschaft sei.[313] Am 25. September 1775 bekannte der Schriftsteller aus Weimar dann in einem Brief an Sophie La Roche: »[Basedows] Bemühungen für das Erziehungswesen verdienen Ehrensäulen«, denn »sein Philanthropinum« sei »das Beste was jemals in dieser Art gesehen worden ist, seitdem es Menschen giebt«.[314] Ähnlich überschwänglich ließ sich der Philosoph Immanuel Kant in Königsberg vernehmen, als er sich im Verlauf seiner im Wintersemester 1775/76 gehaltenen Vorlesung über Anthropologie zum Philanthropin äußerte. »Die jetzigen Basedowschen Anstalten«, resümierte er, seien »das größte Phaenomen, was in diesem Jahrhundert zur Verbeßerung der Vollkommenheit der Menschheit erschienen ist, dadurch werden alle Schulen in der Welt eine andere Form bekommen.«[315]

In einem Aufsatz, den Kant im Jahr 1776 für die »Königsbergische Gelehrte und Politische Zeitungen« verfasste, warb er sogar aktiv um neue und weitere Schüler für die Dessauer Anstalt. Er pries Basedow zunächst dafür, dass es ihm gelungen sei, erstmals ein der Natur und allen bürgerlichen Zwecken gemäßes Erziehungsinstitut begründet zu haben, »wodurch eine ganz neue Ordnung menschlicher Dinge anhebt«.[316] Allen Menschenfreunden und Weltbürgern müsse daran gelegen sein, »so viel als vorläufig geschehen kann«, die Erziehung der ihnen anvertrauten Jugend »schon jetzt philanthropisch zu machen«, so dass »von allerlei Gegenden Pensionisten hinzu eilen sollten, um sich in dieser Anstalt die Plätze, daran es vielleicht bald gebrechen möchte, zu versichern«.[317]

Im März 1776 vermittelte Kant sogar selbst einen Schüler aus Königsberg nach Dessau. In einem Schreiben an den

Lehrer Christian Heinrich Wolke, der am Philanthropin als Basedows Sekretär wirkte, brachte der Königsberger Philosoph zum Ausdruck, wie sehr ihn gerade die Gestalt der philanthropischen religiösen Unterweisung überzeugte. So war es ihm zunächst ein Bedürfnis, vom »Herzensantheil, den ich an Dero vortreflichem Philanthropin nehme«[318], zu berichten. Dann bat er um die Aufnahme des kleinen George Motherby, eines Sohnes des englischen Händlers Robert Motherby, der seinerseits ein enger Freund Kants war und in Königsberg die Firma »Green, Motherby & Co.« leitete. Zwar war der Junge erst fünf Jahre alt, doch glaubte Kant in ihm bereits die nötige Reife für den philanthropischen Anfangsunterricht zu erkennen. Gerade »in Ansehung der Religion« entspreche »der Geist des Philanthropins« so sehr der gesunden Vernunft, dass George hoffen dürfe, dort »die natürliche Erkentnis von Gott, so viel er mit dem Anwachs seines Alters und Verstandes davon nach und nach erlangen mag«, vermittelt zu bekommen.[319]

So viel privates und öffentliches Lob für den am Philanthropin abgehaltenen Unterricht machte nur noch mehr Menschen begierig, immer neue Details von der Erziehung an der Dessauer Schule in Erfahrung zu bringen. Das Interesse des Lesepublikums war gewaltig. Goethe, der immer noch gerne an seine im Gründungsjahr des Instituts unternommene Rheinreise mit Basedow zurückdachte, bekannte im September 1776 in einem Brief an Charlotte von Stein, dass er weiterhin beständig über die Entwicklung der Dessauer Schule auf dem Laufenden gehalten werden wolle.[320] Nicht auf Erzählungen aus zweiter Hand verlassen mochte sich hingegen der Magdeburger Lehrer und Schriftsteller Johann Gottlieb Schummel. Er machte sich 1776 selbst nach Dessau auf, sah sich dort den Unterricht genau an, sprach mit dem Schulgründer Basedow und verarbeitete seine Eindrücke dann voller Begeisterung noch im selben Jahr in dem kurzweiligen Bericht »Fritzens Reise nach Dessau«.[321]

Formal handelt es sich bei Schummels Bericht um eine Reisebeschreibung für Kinder und Jugendliche in Briefform. Grundlage dieser unterhaltsamen und zugleich belehrenden Darstellung sind zwar Schummels eigene Erlebnisse, doch bildet den Inhalt des Buches die fiktive Reise des Ich-Erzählers Fritz, eines zwölfjährigen Jungen, der sich mit seinem Vater von Magdeburg nach Dessau auf den Weg macht, um sich in Basedows Erziehungsanstalt umzusehen. Etwa eine Woche hält sich der kleine Fritz am Philanthropin auf – und kommt aus dem Staunen nicht mehr heraus. Kaum zu fassen ist für ihn, dass die Schüler dort alle sehr gerne und sogar gut die lateinische Sprache sprechen, die sie spielerisch erlernt haben. »Wenn Du erst«, wendet er sich an den jugendlichen Leser, die Dessauer Schüler »sollst lateinisch reden hören, Du freutest Dich todt!«[322] Begeistert zeigt sich Fritz auch von den überkonfessionellen und zur Toleranz aufrufenden Gottesverehrungen, die ihn ergriffen machen, weil sie so anders sind als die ihm bislang bekannten kirchlichen Veranstaltungen. »Ganz zum Schluss«, fasst der junge Briefeschreiber seine Empfindungen zusammen, »als der Gottesdienst zu Ende gieng, da sprach Herr Basedow den Segen, und mir kamen die Thränen in die Augen, so rührend wars!«[323]

Schummels hymnischer Bericht war der Höhepunkt der vielen Lobsprüche, die Basedow im Jahr 1776 von ganz unterschiedlichen Seiten zu hören bekam. Zehn Jahre zuvor war er noch vom Hamburger Hauptpastor Goeze als Verführer der Jugend, als Anstifter zur Ketzerei und zum Unglauben gebrandmarkt worden – mit unangenehmen Konsequenzen für seinen Lebensalltag in Altona, wo er sich zeitweilig isoliert und zu Unrecht schikaniert fühlte. Jetzt aber stand er, dank der Unterstützung des dessauischen Fürsten und der Mehrheit der aufklärerisch gesinnten Schriftsteller und Philosophen seiner Zeit, an der Spitze der pädagogischen Reformbewegung. Basedows Name wurde auf Anhieb in Verbindung gebracht mit modernem Unterricht, mit Gewissensfreiheit und mit religiöser Toleranz, ja ganz generell mit gesellschaftlichem Fortschritt. Zwei Jahre nach der Eröffnung des Dessauer Philanthropins als der Musterschule der Aufklärung hatte der Schulgründer den Gipfel seines Ruhmes erreicht.

8. Amerikanische Träume

Politische Gedanken zur Gesellschaft der Neuen Welt

1776 wurde auch erstmals deutlich sichtbar, wie zügig und einschneidend die philanthropische Pädagogik die Prinzipien eines fortschrittlichen Unterrichts in ganz Deutschland zu bestimmen begann. In eben diesem Jahr erschien nämlich das zum Gebrauch in Elementar- und Landschulen vorgesehene philanthropische Lehrbuch »Der Kinderfreund«.[324] Bei diesem innovativen Büchlein handelte es sich um eine Fibel mit Abschnitten sowohl über die Naturwissenschaften als auch über die Moral der Toleranz. Die stets kindgerechten Texte des Lesebuchs waren in jeder Zeile den Grundsätzen eines spielerischen, anschaulichen und menschenfreundlichen Unterrichts verpflichtet. Verfasser des für den gesamten Elementarschulbereich bahnbrechenden kleinen Lehrwerks, das rasch in alle wichtigen europäischen Sprachen übersetzt wurde und als pädagogischer »Bestseller« auf dem ganzen Kontinent breite Verwendung fand,[325] war der preußische Freiherr Friedrich Eberhard von Rochow, ein langjähriger Freund Basedows.

Wie schon der Dessauer Schulgründer hatte auch Rochow in jungen Jahren einen nachhaltig prägenden Impuls von seinem akademischen Lehrer Gellert empfangen, dessen Vorlesungen er in Leipzig im Wintersemester 1756/57 als Hörer mitverfolgen durfte. Auf Anratens Gellerts, der ihn mit seiner Moral der universalen Menschenliebe bleibend beeindruckte, hatte Rochow in den 1770er Jahren damit begonnen, auf seinen Gütern im brandenburgischen Reckahn den Unterricht für Schulanfänger nach philanthropischen Vorstellungen zu reformieren – in enger Abstimmung mit Basedow.[326] Dabei kam Rochows »Kinderfreund« in der Reckahner Landschule nun dieselbe Funktion zu, die Basedows voluminöses »Elementarwerk« im Dessauer Philanthropin innehatte. Einmal mehr wurde damit unter Beweis gestellt, dass die philanthropische Pädagogik für Kinder aller Altersgruppen und Stände gleichermaßen geeignet war.

So kann das Jahr 1776 also allein schon aus pädagogischer Perspektive als *annus mirabilis* der auf Fortschritt zielenden Aufklärungsbewegung gesehen werden, doch wartete dieses Wunderjahr des 18. Jahrhunderts überdies in politischer Hinsicht mit wahrlich sensationellen Neuigkeiten auf. Auf der westlichen Seite des Atlantiks wurde in der pennsylvanischen Hauptstadt Philadelphia am 4. Juli eine von dem virginischen Juristen und Kongressabgeordneten Thomas Jefferson verfasste revolutionäre Erklärung verlesen, wonach sich ab sofort alle britischen Kolonien des nordamerikanischen Kontinents – von Massachusetts über New York und Pennsylvania bis Georgia – einmütig als vom Mutterland abgefallene, unabhängige und zu einer föderalen Union zusammengeschlossene Freistaaten verstanden. Gegründet war mit dieser feierlichen Verlautbarung der erste demokratische und republikanische Flächenstaat der Moderne.

Die zahlreichen aus Deutschland eingewanderten Neubürger der nun als Vereinigte Staaten von Amerika bezeichneten britischen Ex-Kolonien konnten Jeffersons Unabhängigkeitserklärung sogar in ihrer Muttersprache studieren. Bereits am 9. Juli publizierte der nach Philadelphia ausgewanderte Drucker Heinrich Möller eine klangvolle deutsche Fassung dieses weltgeschichtlich bedeutsamen Dokumentes, das die allgemeinen Rechte der Menschen in bewegenden und auf Allgemeingültigkeit zielenden Worten proklamierte. »Wir halten diese Wahrheiten für ausgemacht«, hieß es gleich zu Beginn der Urkunde, »daß alle Menschen gleich erschaffen worden, daß sie von ihrem Schöpfer mit gewissen unveräusserlichen Rechten begabt worden, worunter sind Leben, Freyheit und das Bestreben nach Glückseligkeit.«[327]

Die natürliche Gleichheit der nach Glück strebenden Menschen äußerte sich vor allem darin, dass sämtliche Regierungen grundsätzlich »von der Einwilligung derer, die regiert werden«[328], abhingen. Jede Regierung konnte also jederzeit wieder vom Wahlvolk »ab[ge]worfen«[329] und durch eine neue politische Führung ersetzt werden, vor allem dann, wenn sie ihren Aufgaben nicht nachkam. Gemünzt war dieser Passus der Unabhängigkeitserklärung zwar auf den »jetzigen Köni[g] von Großbritannien«[330], Georg III., der zugleich Kurfürst von Hannover war, doch ließ sich daraus auch das universale Recht auf eine Abwahl und demokratische Neuwahl von republikanischen Regierungen an allen Orten der Welt herleiten. Die USA jedenfalls konnten eines Königs Macht entbehren, sagten sich von seiner Autorität und Vollmacht los und wurden stattdessen vom Kontinentalkongress mit seinem Präsidenten John Hancock, der die Unabhängigkeitserklärung als Erster unterzeichnet hatte, als Verbund von Freistaaten geleitet.

Die Erklärung der amerikanischen Unabhängigkeit und die damit einhergehende Errichtung einer föderalen demokratischen Republik wurde überwiegend mit freudiger Überraschung zur Kenntnis genommen, als sich die Kunde davon auf der östlichen Seite des Atlantiks verbreitete. Großbritannien bildete hier die verständliche Ausnahme. Im deutschen Reich hingegen beflügelten die Vorgänge in Amerika die politischen Phantasien der Zeitgenossen,[331] zumal viele der frischgebackenen US-Bürger, insbesondere im Bundesstaat Pennsylvania, deutscher Herkunft waren. Es stellte sich gleichsam wie von selbst die Frage, ob nicht dereinst auch in Deutschland Kaiser und Kurfürsten würden ihre Throne aufgeben müssen, um demokratisch-republikanischen Regierungen Platz zu machen.

Noch allerdings mussten die Amerikaner ihre selbsterklärte Freiheit und Unabhängigkeit unter Aufbietung größter Anstrengungen und mit Einsatz von roher Waffengewalt dauerhaft behaupten, denn der britische Monarch Georg III. wollte seine Kolonien nicht kampflos preisgeben. Der König entsandte eine große Streitmacht nach Nordamerika, um die Rebellen in ihre Schranken zu weisen. Die Amerikaner hingegen widersetzten sich den britischen Truppen, indem sie eine Kontinentalarmee formierten, die unter Führung des virginischen Generals George Washington ihren Widersachern energischen Widerstand leistete. Ein jahrelanger militärischer Konflikt zwischen Briten und Amerikanern, der den ganzen nordamerikanischen Kontinent erfasste und als Unabhängigkeitskrieg in die Geschichtsbücher einging, war die Folge.

In Königsberg verfolgten der Philosoph Kant und die mit ihm befreundeten englischen Kaufleute Joseph Green und Robert Motherby mit großer Spannung die eintreffenden Nachrichten über den Fortgang des Freiheitskampfes der Amerikaner. Die Sympathien waren dabei ungleich verteilt. Während Green und Motherby die Partei der britischen Regierung ergriffen, erwärmte sich Kant bleibend für das Experiment der demokratischen Selbstregierung der amerikanischen Rebellen.[332] In ihnen erblickte er die verheißungsvollen Vorboten einer neuen politischen Ordnung auch in Europa. Auch die führenden Aufklärungszirkel der Stadtrepublik Hamburg brachten den Amerikanern starke Anteilnahme entgegen.[333] Als rührigster Befürworter der Vereinigten Staaten erwies sich Christoph Daniel Ebeling, Dozent an der Hamburger Handlungsakademie, der sich im Jahr 1778 dafür rühmte, dass unter seinem Einfluss bereits neun von zehn Hamburger Studenten »Nord-Amerikanisch gesinnt worden«.[334]

Mit großem Interesse und spürbarer Sympathie reagierten auch die Lehrer am Dessauer Philanthropin auf die Unabhängigkeit der nordamerikanischen Freistaaten, allen voran der Schulleiter Basedow. Schon seit den 1750er Jahren hatte er ja der Kolonie Pennsylvania wegen der dort praktizierten

Toleranz eine strahlende Vorbildfunktion zuerkannt, an der sich Europa orientieren sollte.[335] Diese Perspektive behielt Basedow auch bei, als sich Pennsylvania als Bundesstaat der USA zu einer Republik wandelte, deren Hauptstadt Philadelphia nun Sitz der wichtigsten neuen Bundesbehörden der Vereinigten Staaten wurde. In seinen Augen waren die gesamten USA nunmehr ein einziges großes Pennsylvania, mit allen Vorteilen der alten, Toleranz und Gewissensfreiheit garantierenden Verfassung William Penns, die jetzt allerdings unter Jeffersons Einfluss um das demokratisch-republikanische Ideal der Selbstregierung erweitert worden war.

Schon in dem 1774 erstmals veröffentlichten »Elementarwerk« hatte Basedow in einem Kapitel über die Elemente des Geschichtsunterrichts die »englischen Kolonien« im »nördlichen Amerika« als sehr »gut eingerichtete«, vorbildliche Staaten gelobt.[336] Diese positive Bewertung der auf dem Toleranzprinzip aufgebauten Gesellschaften Nordamerikas behielt er nun auch wenige Jahre nach der 1776 erfolgten Unabhängigkeitserklärung ausdrücklich bei, als er eine zweite und verbesserte Auflage des »Elementarwerks« veröffentlichte. Enthusiastisch beschrieb er hier die neue politische Organisationsform der »für frei erklärt[en]« Vereinigten Staaten von Amerika mit ihren einzelnen Gliedern »Carolina und Georgien, Virginien, Maryland und Pennsylvanien, Neu-Jersey, Neu York, Neu England«.[337]

Der an Basedows Schule als Geographielehrer wirkende August Friedrich Crome solidarisierte sich sogar in einem persönlichen Brief an Benjamin Franklin – den Erfinder des Blitzableiters und in Deutschland neben George Washington und Thomas Jefferson bekanntesten Gründervater der USA[338] – vorbehaltlos mit der politischen Entwicklung Nordamerikas. Der Griechischlehrer Johann Christian Schmohl schrieb eine längere Abhandlung »Über Nordamerika und Demokratie«[339], die von Johann Erich Biester, dem Herausgeber der von den deutschen Aufklärern hoch geschätzten Zeitschrift »Berlinische Monatsschrift«, ausdrücklich zur Lektüre empfohlen wurde.[340]

Wie vor ihm schon Basedow wies auch Schmohl in seinem Traktat darauf hin, dass in Pennsylvania bereits seit der Gründung dieser amerikanischen Musterkolonie »eine bürgerliche Freyheit in der Religion Sitte gewesen« sei, »von der man in allen andern Welttheilen kein Beyspiel« habe.[341] Nun blühe seit »der neuen Staatseinrichtung« der USA auch in Massachusetts und allen anderen nordamerikanischen Freistaaten »eine Toleranz«, wie man sie selbst an den aufgeklärtesten Orten in Deutschland »vergeblich suche«.[342] Der Prinzenerzieher des Dessauer Fürsten, Ernst Wolfgang Behrisch, der sich sehr für die Gründung des Philanthropins in der Residenzstadt eingesetzt hatte und an diesem Lehrinstitut sogar zeitweilig selbst unterrichtete,[343] trat überdies als Herausgeber einer Sammlung amerikanischer Gesetze aus dem Jahr 1778 in Erscheinung, die auf seine Initiative in der Dessauer Buchhandlung der Gelehrten in deutscher Übertragung veröffentlicht wurde.[344]

Seit Anfang der 1780er Jahre unterhielt Basedow eine Korrespondenz mit einem Kreis deutschsprachiger Bürger der Vereinigten Staaten, die in der pennsylvanischen Hauptstadt und in deren unmittelbarem Umland ansässig waren. Männer und Frauen aus etwa »zwanzig Familien«, die dort »in Pflanzungen zerstreut, doch nicht weit voneinander« siedelten, hätten ihn nämlich in einer Reihe von Briefen »aus Philadelphia« wissen lassen, dass man seine aufklärerischen Erziehungsschriften auch in den USA schätze und lese, weil die darin entwickelte Pädagogik der Toleranz bestens zur gesellschaftlichen Wirklichkeit der Vereinigten Staaten passe – und der Dessauer Schulleiter war daraufhin mit diesen Amerikanern »teutschen Ursprungs« erfreut in Verbindung getreten.[345]

Die Deutschamerikaner aus Philadelphia hatten sich in ihren Berichten aus der Neuen Welt unter anderem von dem

Abb. 28: Benjamin Franklin.
Schabkunstblatt von Johann Elias Haid, 1780

Pädagogen ein neues Buch erbeten, das für die gemeinsame religiöse Erbauung von Menschen der unterschiedlichsten Konfessionen in Nordamerika von Nutzen sein sollte. Sie wünschten sich von ihm ein Gesangbuch mit überkonfessionell brauchbaren Liedversen. Es sei ja auch in den Vereinigten Staaten bekannt, dass er neben seinen pädagogischen Traktaten immer schon auch Liedtexte für Erbauungs- und Andachtsstunden veröffentlicht habe. Tatsächlich hatte Klopstock, der als weithin bekannter Dichter des »Messias« im Jahr 1769 auch ein in aufgeklärtem Geist verfasstes neues protestantisches Gesangbuch veröffentlichte, darin neben seinen eigenen Texten – und einer großen Zahl von geistlichen Gesängen des Leipziger Professors und Dichters Gellert –

auch einige Lieder von Basedow aufgenommen, mit dem er auch nach der gemeinsamen Zeit in Dänemark einen engen Kontakt gehalten hatte.[346]

Die im Sinne der Aufklärung erneuerten geistlichen Lieder, die über die Konfessionsgrenzen hinweg zur Toleranz und zur allgemeinen Menschenliebe erziehen sollten, hatten somit auch eine eminent pädagogische Funktion. Allerdings wirkten die Lieder nicht ausschließlich durch die den Geist und die Vernunft ansprechenden Lehren der Texte auf den Verstand, sondern vor allem durch den melodiösen Gesang auf das Gefühl der Hörer. Klopstock befand, dass ein solcher herzerhebender Gesang »kurz, feurig, stark, voll himmlischer Leidenschaften, oft kühn, heftig, bilderreich in Gedanken und Ausdruck«[347] zu sein hatte. Um die Verbrüderung der Menschen, die in Andachtsstunden Gemeinschaft und Versöhnung suchten, nicht zu stören, achteten Klopstock, Gellert und Basedow darauf, in ihren Liedtexten Wendungen, die möglicherweise konfessionellen Streit entfachen konnten, unter allen Umständen zu vermeiden.

Ab 1781 widmete sich Basedow nun der Arbeit an einem eigenen Gesangbuch,[348] mit dem er auf die ihm mitgeteilten Wünsche seiner amerikanischen Briefpartner einzugehen gedachte. Er wollte ein Gesangbuch schaffen, das den Geist echter Frömmigkeit atmete und zugleich großherzig ganz unterschiedlichen Glaubenserfahrungen Raum bot. Es war ihm dabei ein tiefes Bedürfnis, ein Gesangbuch für religiös »vermischte Familien« zu schreiben, mit dessen Hilfe sich ausdrücklich auch die in Pennsylvania lebenden deutschsprachigen US-Amerikaner »gemeinschaftlich erbauen« konnten.[349] Als Verfasser einer solchen Liedersammlung, die religiöse Toleranz als größten Wert einer modernen Gesellschaft pries, wollte Basedow zugleich auch ganz ausdrücklich das kühne Gesellschaftsexperiment der Vereinigten Staaten von Amerika feiern und persönlich unterstützen. Seinem neuen Buchprojekt gab er daher auch einen durchaus programmatisch gemeinten Arbeitstitel, indem er es sein »Amerikanisches Gesangbuch«[350] nannte.

Basedow war mit Feuereifer bei der Sache. Das jedenfalls bezeugten Freunde und Bekannte, die ihn zu Beginn der 1780er Jahre besuchten. Zeitweilig begab er sich sogar von Dessau nach Hamburg und Altona, wo er sich in seinen Ferienzeiten mit Vorliebe aufhielt, um an den seit Kindheitstagen vertrauten Orten am Gesangbuch zu arbeiten. Wer dem schriftstellernden Pädagogen dort begegnete, war erstaunt über seine Fröhlichkeit, denn in Dessau traf man den bald 60-jährigen Schulleiter, dem die anstrengende Lehrtätigkeit mitunter zu schaffen machte, nicht immer bei bester Gesundheit an. So schrieb der Pädagoge und Schriftsteller Joachim Heinrich Campe, der zwischen 1776 und 1777 selbst als Lehrer am Dessauer Philanthropin gewirkt hatte und nun in der ländlichen Umgebung Hamburgs am Hammer Deich bei Billwerder ein eigenes Erziehungsinstitut leitete, im Februar 1781 an Basedows Jugendfreund Johann Arnold Ebert, der sich wohl um dessen Gesundheit gesorgt hatte: »Wegen Basedow müssen Sie unbekümmert sein. Aller Wahrscheinlichkeit nach wird dieser eiserne Mann ein hohes Alter erreichen.«[351] Und als Grund für Basedows wiedergefundene Rüstigkeit führte er an: »Seit einem halben Jahre sizt er in Altona und macht ein sogenanntes *amerikanisches Gesangbuch.*«[352] Die Beschäftigung mit eben diesem Gesangbuch sei die glückliche Ursache, dass der Autor »seinem eigenen Geständnisse nach« nun »gesunder als jemahls« sei.[353] Campes Aussagen fanden ihre Bestätigung in Notizen von Basedows Hausdiener und Gehilfen Friedrich August Benzler, der ebenfalls im Februar 1781 niederschrieb: »Sein Gesangbuch will er das Amerikanische nennen; arbeitet fleissig daran.«[354]

Aus welchen Gründen sich die Fertigstellung und Veröffentlichung des Gesangbuchs dann um drei Jahre verzögerte, lässt sich heute nicht mehr ermitteln. Auch wurde es vom

Verfasser, als es 1784 endlich im Druck vorlag, dann doch nicht als »amerikanisches«, sondern zu Ehren der Hauptstadt Pennsylvanias als »philadelphisches« Gesangbuch tituliert. Denkbar ist, dass Basedow zunächst den Ausgang des 1781 noch nicht entschiedenen amerikanischen Unabhängigkeitskrieges abwarten wollte. Dieser fand seinen Abschluss erst mit dem von Benjamin Franklin ausgehandelten und unterzeichneten Friedensvertrag zwischen Großbritannien und den USA, der am 3. September 1783 in Paris besiegelt wurde. Damit hatten sieben lange und für beide Seiten verlustreiche Jahre des Krieges ein Ende gefunden. Großbritannien musste seine ehemaligen Kolonien aufgeben, die Freiheit der USA war nun völkerrechtlich beglaubigt und garantiert. Ein neuer demokratischer Großstaat war als Sehnsuchtsort vieler Europäer geboren worden.

So gesehen könnte die erst 1784 erfolgte Publikation des amerikanischen Gesangbuchs, das von Basedow jetzt »Einer Philadelphischen Gesellschaft Gesangbuch für Christen und philosophische Christengenossen« genannt wurde, als eine Art Geburtstagsgeschenk für die freien und unabhängigen USA gedeutet werden. In den von deutschen Aufklärern gelesenen Journalen und Zeitschriften finden sich in diesem Zeitraum jedenfalls einige Geburtstagshymnen auf die frisch errungene Unabhängigkeit und Freiheit der Vereinigten Staaten, so auch die von dem Erfurter Professor Johann Friedrich Herel verfasste Ode auf Amerika, die in der »Berlinischen Monatsschrift« erschien.[355] Über die Veröffentlichung von Basedows Gesangbuch berichtete dann auch erfreut der Dessauer Religionslehrer Christian Gotthilf Salzmann in einem Brief an Campe, in dem er davon Mitteilung machte, dass Basedows Gesangbuch nun endlich »unter der Presse«[356] sei.

Mit diesem Gesangbuch für Amerika legte Basedow Lieder vor, in denen er die überkonfessionellen amerikanischen Gemeinden, die ihm vor Augen standen, dazu ermuntern wollte, sich für alle Zeiten vom Glaubenszwang, der in Europa noch an zu vielen Orten waltete, zu befreien. Am deutlichsten tat er dies in einer Liedstrophe, die er zu der seit dem Jahr 1524 gebräuchlichen Melodie des von Martin Luther gedichteten Chorals »Es wolle Gott uns gnädig sein« singen ließ:

Der Glaubenszwang werd einst verbannt
Aus christlichen Gemeinen!
Dann wird das Licht, das Gott gesandt,
Bald welterleuchtend scheinen.
Dann wurzelt in der Christenheit
Mehr Weisheit, Liebe, Tugend,
Dann wächst der Nachwelt Heiligkeit
Durch Besserung der Jugend!
Wir wünschen, Gott, mit Hoffnung![357]

Der Gott aller Menschen, der liebende Gott, sollte von allen seinen Geschöpfen wiederum in freier Liebe verehrt und angebetet werden, damit nun jeder – wes Glaubens er auch sei – »mit jedem friedlich leben« lerne und »von Stolz, von Geiz und Schwelgerey, vom Unrecht stets entfernt, ein Helfer Vielen sey«.[358] Dies war Basedows zu gleichen Teilen philanthropisches und philadelphisches Credo, der Kern seiner Gedanken zur Gesellschaft der Neuen Welt, seine von vielen Zeitgenossen des ausgehenden 18. Jahrhunderts geteilte Vision – ein amerikanischer Traum.

9. Weiter elbabwärts

Mädchenbildung in Magdeburg am Abend des Lebens

Campes Einschätzung, dass der nach allem äußeren Anschein so energische, eiserne Basedow gewiss ein hohes Alter erreichen würde, sollte sich als Täuschung erweisen. Im Jahr der Veröffentlichung des »Amerikanischen Gesangbuchs« trat der Dessauer Pädagoge zwar in die nun schon siebte Dekade seines ereignisreichen Lebens ein, doch waren ihm nach 1784 nur noch sechs weitere Lebensjahre vergönnt. Sein Körper zollte dem aufreibenden Lebenswandel mit den vielen Wohnungswechseln, den Reisen und Werbetouren, der ununterbrochenen schriftstellerischen Tätigkeit und der unausgesetzten Erziehungspraxis im Philanthropin sichtbar Tribut. Die Zähne fielen dem Pädagogen nacheinander aus – ein Leiden, das viele und oft sogar schon junge Menschen im 18. Jahrhundert zu ertragen hatten, häufig ohne ein wirksames Gegenmittel zu finden, da gute Zahnprothesen aus Elfenbein, Pferde- oder Kuhzähnen wegen ihrer aufwendigen Herstellung teuer waren. Basedow sah nun aus wie ein Greis und das Sprechen wurde ihm zu einer großen Anstrengung.

Auch nervlich war er nicht mehr sehr belastbar. Die Attacken, denen er in der Altonaer Zeit ausgesetzt gewesen war, hatten ihn auf lange Sicht doch dünnhäutig gemacht. Ab Ende der 1770er Jahre bereitete ihm ein Konflikt im Dessauer Lehrerkollegium weiteren Verdruss. Campe, der im September 1776 von Basedow zum zweiten Schulleiter bestimmt worden war, hatte zwar zunächst mit dem Gründer des Philanthropins so eng und freundschaftlich harmoniert, dass Basedow den talentierten Pädagogen in einem begeisterten Schreiben wie einen Seelenverwandten willkommen hieß: »Wir beide sind von Gott so gestimmt«, schrieb er nach seinem ersten Gespräch mit Campe, »daß wir Erzfreunde waren, ehe wir uns nach den Nebenumständen kannten.«[359] Der neue Erzieher nahm seine Arbeit in Dessau auch mit Schwung auf. Dann aber kam es im Laufe des Jahres 1777 zu gravierenden Disziplinlosigkeiten einiger jüngerer Lehrer, die ihn erzürnten. In einem Brief an seinen Schwager Johann Heinrich Hiller erläuterte Campe diese Vorgänge.

Mehrere Junglehrer hätten den berechtigten Wunsch nach Verwirklichung größerer gesellschaftlicher Freiräume falsch verstanden, ließen einige ihrer Lehrstunden einfach ausfallen oder hielten diese nicht pünktlich ab. Dass ein freiheitlich gestimmter Mensch immer auch Verantwortung übernehmen müsse und Pflichten habe, wollten die jungen Lehrer offenbar nicht verstehen. So klagte Campe: »Jene lebten fürs Vergnügen, und andere sollten die Arbeit tun.«[360] Nachdem sich trotz zahlreicher Beschwerden keine Besserung der Disziplin einstellte, kündigte Campe seine Stellung in Dessau abrupt und ohne jede Vorwarnung auf. Im Herbst 1777 floh er aus Dessau nach Hamburg. Basedow empfand dies als persönlichen Vertrauensverlust und zeigte sich tief getroffen.

Der maßlos enttäuschte Gründer des Philanthropins fühlte sich von dem flüchtigen Kollegen im Stich gelassen, zumal er sich im Zuge der Streitigkeiten mit den jüngeren Lehrern immer für Campe eingesetzt hatte. Nach einem intensiven Briefwechsel mit dem entlaufenden Freund war Basedow aber bereit, sich mit diesem wieder zu versöhnen und ihm seine Treulosigkeit zu verzeihen, zumal Campe die Erziehungsziele der philanthropischen Pädagogik und der Dessauer Schule auch weiterhin in der Öffentlichkeit verteidigte und rühmte. So versicherte Campe dem Dessauer Fürsten Franz in einem längeren Schreiben, in dem er sein Verhalten zu entschuldigen suchte: »Ich verspreche übrigens heilig, daß ich fortfahren werde, so offt in meiner Gegenwart vom Dessauischen Institute die Rede seyn wird, nur von dem Guten desselben zu reden, und das Schlechte mit keiner Silbe zu berühren.«[361]

Erst als Basedow mit dem ostfriesischen Philologen und Mathematiker Christian Heinrich Wolke ab Herbst 1778 einen geeigneten Nachfolger für Campe als Schulleiter des Philanthropins gefunden hatte, besserte sich die Situation wieder.[362] Wolke, der eine dänische Ehefrau aus der Verwandtschaft von Basedows Gattin geheiratet hatte und mit dem Schulgründer auch deshalb auf vertraulichem Fuß stand, war ein ausgleichender Charakter. Ihm gelang es, die Ansprüche der älteren Lehrer und die Bedürfnisse der Jüngeren geschickt auszubalancieren. Zudem war er selbst sehr fleißig und verlässlich. Er verstand es, die Schuljugend für den philanthropischen Unterricht zu begeistern, und traute sich in diesem Zusammenhang auch zu, ungeniert und unbefangen einen aufklärerischen Sexualkundeunterricht abzuhalten.[363] Ab 1780 konnte sich Basedow so sehr auf Wolke verlassen, dass er sich allmählich aus der Schulleitung zurückzog.[364] Die gewonnene Zeit nutzte er dazu, Erholungsreisen zu unternehmen, häufig und gerne in die alte Heimat nach Hamburg und Altona, aber auch an andere Orte im näheren Umkreis des Fürstentums Anhalt-Dessau wie etwa Leipzig und Braunschweig. Die Zeit fern von Dessau nutzte er jeweils auch dazu, eine zweite, überarbeitete Ausgabe des »Elementarwerks« zu besorgen, die 1785 in Dessau im Druck erschien.

Die Stadt, die ihn ab 1785 jedoch am stärksten anzog, war die 40 Meilen nordwestlich von Dessau gelegene Festung Magdeburg, die man auf dem Landweg über Roßlau, Zerbst und Dornburg erreichte oder per Kahn auf der Elbe über Aken und Barby. In Magdeburg wirkte zu dieser Zeit eine couragierte und ambitionierte Pädagogin, die früh verwitwete »Frau Inspectorin Kalisky«[365], die gemeinsam mit ihrer Stieftochter eine Privatschule leitete, in der Mädchen gemäß der von Basedow schon seit langer Zeit favorisierten spielerischen Methode das Lesen lernen sollten. Diese Frau

Anna Maria Dorothea Kalisky lud den alternden Basedow im Sommer 1785 nach Magdeburg ein, damit er dort als Urheber der philanthropischen Pädagogik gemeinsam mit ihr die Allerkleinsten in einer freundschaftlichen Atmosphäre im Unterricht kompetent anleiten konnte. Basedow ließ sich gerne auf dieses neue Erziehungsexperiment ein, vor allem auch deswegen, weil ihm als Vater einer begabten Tochter sehr an einer verbesserten Mädchenbildung gelegen war.

Bis deutlich über die Mitte des 18. Jahrhunderts hinaus hatte die Mädchenerziehung noch weitgehend im Haus stattgefunden, und wenn eine Tochter oder eine junge Frau einmal doch eine Elementarschule besuchte, wartete dort auf sie eine äußerst notdürftige Unterweisung. Erst in der zweiten Hälfte des 18. Jahrhunderts gerieten die Verhältnisse in Bewegung.[366] Mit seinen Einlassungen zur Mädchenbildung aus der Zeit des Umzugs von Altona nach Dessau gehörte Basedow zu den ersten Pädagogen, die dem weiblichen Geschlecht eine deutlich größere Bildungsfähigkeit und Bildungsbedürftigkeit attestierten, als sie den Frauen in den vorausgegangenen Jahrhunderten von den Männern in der Regel zugestanden worden waren. Ab den 1780er Jahren fanden sich dann viele weitere aufklärerische Erzieher, die Basedow beipflichteten und sich daran machten, an verschiedenen Orten Deutschlands Mädchenschulen zu gründen. Es ergab sich daraus eine Dynamik, die zur Folge hatte, dass bis zum Ende des Jahrhunderts fast alle größeren deutschen Städte über Schulen eigens für Mädchen verfügten.[367]

Zu den ersten Schulen für Mädchen gehörte eine im Jahr 1783 von patriotischen Bürgern der Stadt Sorau in der Lausitz gegründete Anstalt, in welche die bereits im Elternhaus vorgebildeten lernwilligen Töchter im Alter von zehn Jahren eintreten sollten, um dort von Lehrern des Waisenhauses eine weiterführende Bildung zu erhalten.[368] Auch in Norddeutschland entstanden in diesem Zeitraum aus philanthropischem Geist gute Schulen für Töchter vornehmlich adliger und wohlhabender bürgerlicher Familien. Zu den führenden Anstalten im Umland Hamburgs zählten das »Erziehungsinstitut für junge Demoiselles« von Caroline Rudolphi[369], das 1785 in Trittau eröffnete. Die Schulleiterin Rudolphi konnte sich dort auch der prominenten Unterstützung Campes erfreuen, denn der philanthropische Pädagoge veröffentlichte von ihr auch einige Kindergedichte und Artikel. In ganz Deutschland berühmt war die ein Jahr später von dem Journalisten und Komponisten Christian Carl André gegründete Bildungsanstalt für Mädchen im thüringischen Schnepfenthal, die allerdings von dort aus schon bald nach Gotha und dann nach Eisenach weiterzog.[370]

Die Mädchenschule in Magdeburg gehörte ebenfalls zu den ersten und überregional bekannten Erziehungsinstituten ihrer Art. Wie in Trittau und Thüringen lernten dort Mädchen und junge Frauen im Alter von 5 bis 21 Jahren. Diese Schülerinnen mussten zwar einerseits hauswirtschaftliche Fähigkeiten erwerben, durften sich aber daneben auch gleichberechtigt den modernen Sprachen, den Naturwissenschaften, dem Zeichnen oder dem Tanzen widmen.[371] Als Basedow nach Magdeburg aufbrach, um dort einige Sommermonate lang mit den Schulanfängerinnen fröhliche Unterrichtsstunden zu verleben, nahm er auch seine mittlerweile im siebzehnten Lebensjahr stehende Tochter Emilie »zu ihrer weiteren Ausbildung«[372] mit in die altehrwürdige Elbestadt.

Die Festung Magdeburg, die im Spätmittelalter zu den größten und mächtigsten deutschen Städten zählte und mit dem zwischen 1209 und 1520 errichteten Dom eines der beeindruckendsten sakralen Bauwerke des Reichs in ihren Mauern vorweisen konnte, war nach verheerenden Zerstörungen in der Zeit des Dreißigjährigen Krieges von den Kurfürsten von Brandenburg, die 1680 die Herrschaft über die Stadt zugesprochen bekamen, sukzessive zu einer der stärksten Verteidigungsanlagen Preußens ausgebaut worden. 1713 existierte bereits ein mächtiger steinerner Gürtel von

Abb. 29: Stadtansicht Magdeburg.
Kupferstich von Alexander Gläßer, 1740

insgesamt elf Bastionen. In den ersten vier Jahrzehnten des 18. Jahrhunderts war es übrigens Fürst Leopold I. von Anhalt-Dessau, der Großvater von Basedows Brotherrn Fürst Franz, der im Auftrag des preußischen Königs Friedrich Wilhelm I. als Kommandant der Festung Magdeburg wirkte.

Um 1740 waren die Festungswerke der Nordfront bereits 400 Meter, der West- und Südfront bis zu 600 Meter tief gestaffelt. In den Jahren, in denen Friedrich der Große Preußen regierte, kamen die Magdeburger Festungsanlagen auf einen Umfang von 200 Hektar, was nahezu der doppelten Größe des eigentlichen Stadtareals entsprach.[373] Der lutherische Pfarrer und philanthropische Jugendschriftsteller Johann August Ephraim Goeze – ein Bruder des Hamburger Hauptpastors –, der nur ein Jahr vor Basedows Ankunft in Magdeburg einen detaillierten Reisebericht über diese Stadt für jugendliche Leser veröffentlicht hatte, merkte im Angesicht der mächtigen Festungsbauten an: »Es ist doch erstaunlich, dass wenn man die ungeheuren Festungswerke ansiehet, was der Arm eines Königes vermag, und welche Summen diese Arbeit muß gekostet haben. Es ist aber auch traurig, daß die Menschen solche greuliche Befestigungen anlegen müssen, um vor einander sicher zu seyn, da sie doch alle, nach Gottes Absicht, in Frieden unter einander leben sollten.«[374]

Neben den Festungsanlagen und dem Dom war es der mächtige Elbefluss, der jeden Besucher der Stadt Magdeburg in Staunen versetzte und zu weitergehenden Betrachtungen anregte. Auch hier ist es interessant zu lesen, was der philanthropische Pädagoge Goeze den jungen Adressaten seiner Reiseerzählung mitzuteilen wusste: »Ein großer Strom ist gewiß ein majestätischer Anblick! Wenn man da so auf der Elbbrücke steht, und gegen den Strom hinauf steht«, räsonnierte er, »so hat man gewiß Gelegenheit, recht viel großes zu denken.«[375] Mit dem Großen, auf das der Pfarrer Goeze hier anspielte, war unzweifelhaft die Gewalt und die Schönheit der Natur gemeint, Gottes vollkommene Schöpfung. Tatsächlich wurde von allen Flüssen, die Deutschland durchzogen, in ganz besonderer Weise gerade die Elbe als ein zu allen Jahreszeiten spektakuläres und zur geistlichen Erbauung dienendes Naturwunder besungen. Einer der in dieser Hinsicht eindrucksvollsten Texte stammt aus der Feder des Hamburger Pastors und Dichters Peter Hessel, der auch unter dem Namen Petrus Hesselius bekannt ist. Schon 1675 veröffentlichte er in Altona eines der schönsten aus dem Zeitalter von Barock und Aufklärung stammenden Gedichte über die Elbe: »Hertzfliessende Betrachtungen von dem Elbe-Strom: zur Danckbahrkeit gegen Gott geschöpffet, darneben allen Schiff-Leuten zu einer geistlichen Zeit-Vertreibung vermacht; auch einem jeden Christen in diesem Angst-Meer zu gute auffgesetzet«.[376]

Fast wie von allein wanderten auch Goezes Gedanken von Magdeburg aus nach Hamburg: »Da stand ich, und dachte: wie viel Wasser mag nicht von da an schon hier vorbeygeflossen seyn, wo die Elbe in Schlesien entspringt, so viele kleinere Flüsse an sich zieht, durch ganz Sachsen geht, von hier nach Hamburg fortzieht, und da, wo sie in die Nordsee sich ergießt, über eine Meile breit wird?«[377] Ob der Anblick der Elbe in Magdeburg auch ein Jahr später bei Basedow ähnliche Vorstellungen und Gefühle aufkommen ließ? Immerhin war die Elbe doch die augenfälligste – und beide Städte verbindende – Gemeinsamkeit des neuen Wirkungsortes Magdeburg und der Vaterstadt Hamburg. Dachte der Pädagoge beim Anschauen des unaufhaltsam nach Nordwesten fließenden Stromes vielleicht sogar darüber nach, dass vor sechs Jahrzehnten der berühmte Kantor des Hamburger Johanneums, Georg Philipp Telemann, den er als Schüler in den 1730er Jahren noch selbst kennengelernt hatte, aus Magdeburg nach Hamburg gewechselt war, also von der einen Elbestadt in die andere, um dort als einer der führenden Musiker des 18. Jahrhunderts zu wirken?[378]

Der Fluss konnte für Basedow auch ein Sinnbild sein. Der gebürtige Hamburger, der sich ja auch gerne Bernhard aus Nordalbingien nannte, identifizierte sich in seiner persönlichen Lebensgeschichte jedenfalls ganz offenbar gerne mit diesem Strom und spielte in der Selbstdeutung gezielt auf ihn an. Von der Geburt bis ins hohe Alter, von Lebensort zu jeweils neuem Lebensort, hatte er sich häufig entlang der Ufer der Elbe bewegt, mitunter flussaufwärts, dann wieder flussabwärts: Von Hamburg über Altona ins Fürstentum Anhalt-Dessau, dessen Territorium in einer herrlich gestalteten Gartenlandschaft an der Elbe lag, und weiter nach Magdeburg. Metaphorisch gesprochen ließe sich auch sagen: Mal schwamm Basedow auf diesem Lebensweg entlang der Elbe mit dem Strom des Zeitgeistes, vor allem zur Zeit der Gründung des Dessauer Philanthropins, da wurde er gepriesen, das war für ihn eine befriedigende Epoche. Mal stemmte er sich jedoch auch mit seiner stets mutig vorgetragenen Meinung bewusst und vehement gegen den Strom, vor allem in Altona, da wurde er dann verketzert. Das war für ihn eine harte Zeit, die bleibend Spuren hinterließ. Nun also, in seinen letzten Lebensjahren, als er durch sein weithin gerühmtes Wirken am Philanthropin rehabilitiert war und ganz Deutschland und Europa ihn respektierte, begab er sich weiter elbabwärts nach Magdeburg, ans Ziel seiner Lebensreise.

Wie der Magdeburger Pädagoge Heinrich Rathmann – ein Freund Basedows und die verlässlichste Quelle zur Auskunft über die Vorkommnisse in dessen späten Lebensjahren – in seinen 1791 erschienenen Erinnerungen berichtete, arbeitete der Dessauer Schulleiter zwischen 1785 bis zu seinem Tod im Sommer 1790 »jedes Jahr einige Monate, täglich 3 bis 4 Stunden in gedachter Schule«[379] bei der Schulleiterin Kalisky und ihrer Tochter. Dabei hatte der erfahrene Erzieher »das Vergnügen zu sehen, daß dieselbe sich durch ihre Vorzüge bald auszeichnete, und daß die würdige Lehrerin dieser Schule nebst ihrer Tochter durch seine Anweisung und Beyspiel bald noch geschicktere und beliebtere Kinderlehrerinnen wurden, als sie vorhin schon gewesen waren«.[380]

Dabei zeigte sich dann auch, so Rathmann, dass Basedow noch im fortgerückten Alter ein wahrer Idealist geblieben war, dem es vor allem um die gute Sache der Entwicklung fortschrittlicher Pädagogik ging. Der »geachtete tiefsinnige Philosoph, der verehrte Schriftsteller, der wirklich große Mann, der sich schon so manche andere wichtigere und glänzendere Verdienste errungen hatte«, begab sich am Ende seines Lebens noch einmal »nicht in Erwartung irgend eines Vortheils, sondern vielmehr mit vielen eignen Kosten, blos aus Eifer, Gutes zu stiften«, regelmäßig von Dessau aus an die Magdeburger Schule der Frau Kalisky, »um Kindern von 5 bis 6 Jahren das Lernen zu erleichtern, und zu einem angenehmen Geschäfte zu machen«.[381] Ein weiteres Mal zeigt diese Einschätzung an, dass in einer Zeit, in der Mädchenbildung trotz aller Fortschritte von vielen noch immer als nachrangig betrachtet wurde, Basedow ihr einen sehr großen Wert zubilligte, um sich in seinen letzten Lebensjahren entschlossen daran zu beteiligen.

Als am 23. Mai 1788 Basedows Frau starb, mit der er nahezu 34 Jahre in ehelicher Gemeinschaft zusammengelebt hatte, begann auch er sich intensiv, »besonders oft und ernstlich mit Todesgedanken«[382] zu befassen. Sein Testament schrieb er im Folgejahr nieder, wobei er den drei Kindern, die seine Frau überlebten, seinen Nachlass und das Erbe zu gleichen Teilen vermachte. Neben der Tochter Emilie, die im Sommer 1789 den Pfarrer Emanuel Cautius im anhaltischen Bernburg heiratete, bedachte er in diesem Dokument auch seinen Sohn Heinrich Josias aus erster Ehe und den jüngsten, im Jahr 1774 geborenen Sohn Ludwig. Für Ludwig verfasste er am 15. Juli 1790 noch einen sehr persönlichen Brief, in dem er seine Hoffnung auf ein Leben nach dem Tod zum Ausdruck brachte. Wenn der menschliche Geist sich eine Vorstellung »von der Seligkeit der Himmelsbürger« erdenken könne, dann betrachte er diese zu seiner eigenen Erbauung »als ganz wahr«.[383] Denn entweder diese erdachte Seligkeit oder sogar »noch etwas Besseres«, was sich kein Mensch ausmalen könne, werde dann nach dem Tod »wahr seyn«.[384]

Zehn Tage später brach Basedow nach einem heftigen Anfall von Schwindel zusammen, übergab sich mehrfach und fühlte, als er sich zu Bett gelegt hatte, sein Ende nahen. So ließ er seinen Sohn Ludwig rufen, »drückte ihm zärtlich die Hand und bezeugte mit völliger Gegenwart des Geistes«, wie Rathmann sich erinnerte, »daß er bey seinen Grundsätzen in der Religion getrost und freudig sterben könne, und daß sie auch noch auf dem Todbette die Probe hielten«.[385] Eine seiner letzten Verfügungen, die er dem Sohn noch mitteilte, war der Wunsch, nach seinem Tod zum Nutzen der Nachwelt seziert zu werden. Kurz darauf begann Basedow zu phantasieren, verlor sein Bewusstsein, atmete schwächer und verschied in den frühen Nachmittagsstunden des 25. Juli, sanft und friedlich, kurz vor Vollendung seines 67. Lebensjahres.

Die von Basedow erbetene anatomische Sektion seiner sterblichen Hülle konnte jedoch nicht ausgeführt werden. In Magdeburg herrschte in den letzten Julitagen des Jahres 1790 eine ungewöhnlich große Hitze und Schwüle, die den Verwesungsprozess des Leichnams schneller, als man sonst hätte erwarten dürfen, vonstatten gehen ließ. Die Beerdigung erfolgte daher schon am 27. Juli. Beigesetzt wurde Basedow auf dem Kirchhof der Heilige-Geist-Gemeinde in Magdeburg in einer stillen, mondhellen Nacht. Den Sarg begleitete ein großer Trauerzug, der an der Grabstätte von einem Chor empfangen wurde, welcher den von August Herrmann Niemeyer – dem pietistischen Pädagogen aus Halle – gedichteten Auferstehungshymnus »Wiedersehn sey uns gesegnet« in der Vertonung des Magdeburger Musikdirektors Johann Heinrich Rolle aus dem Musikalischen Drama »Lazarus« vortrug.

Herabgesenkt wurde Basedows Sarg in ein Grab, das sich unmittelbar neben der letzten Ruhestätte des Magdeburger Pfarrers und Dichters Johann Samuel Patzke befand. Überrascht wurde die Trauergemeinde dann bei diesem Akt, so Rathmann, »durch das unerwartete Herandrängen junger, in der Schule, woran er ehedem arbeitete, erzogener Frauenzimmer, welche mit Thränen der Dankbarkeit, unter Anführung ihrer von ihm ehemals unterrichteten Lehrerin, seinen Sarg und seine Gruft mit Blumen bestreuten«.[386] Stärkste Rührung auf allen Seiten war die Folge dieses Abschiedsrituals der von Basedow erzogenen Magdeburger Mädchen, die er noch am Abend seines Lebens für das freudige Lernen hatte begeistern können.

Nicht lange nach dem Begräbnis in Magdeburg erschien ein bemerkenswerter Nachruf auf den verblichenen Pädagogen. In diesem Nekrolog pries der Gothaer Gymnasiallehrer und herzogliche Bibliothekar Friedrich Schlichtegroll Basedows große Verdienste, die er für so bedeutend hielt, dass er den Gründer des Dessauer Philanthropins in einem Atemzug mit Benjamin Franklin nannte. Der Gründervater der USA war nämlich nur wenige Wochen zuvor – am 17. April 1790 – in Philadelphia verstorben. Beide Männer hätten ihr Leben lang darauf hingewiesen, dass die Bürger in einer nach aufgeklärten Grundsätzen verfassten Gesellschaft unveräußerliche Rechte hatten und diese auch selbstbewusst einfordern durften. Zudem hätten Franklin und Basedow gezeigt, wie man bei dem Versuch, Verständnis für diese Rechte zu vermitteln, immer »bey einer Umänderung der Erziehung aufwachsender Menschen«[387] den Anfang machen müsse. »Franklin! Basedow!«, rief Schlichtegroll in seinem Nekrolog daher aus, »Ihr Andenken erfülle uns mit Ehrfurcht! Ihr Bild, mit allen seinen Menschlichkeiten gezeichnet, bleibe uns immer ein Heiligen-Bild!«[388]

Selbst wenn uns Schlichtegrolls Pathos, das man als Ausdruck der Empfindsamkeit des ausgehenden 18. Jahrhunderts zu verstehen hat, heute wegen seiner hagiographischen Färbung fremd geworden ist, wird durch den zwischen Basedow und Franklin gezogenen Vergleich doch deutlich erkennbar, wie hoch der Dessauer Schulgründer gehandelt wurde, als er mit dem Gründer der Vereinigten Staaten im gemeinsamen Nachruf auf eine Stufe gestellt wurde. Noch vor Erscheinen des Gothaer Nekrologs wurde im Dezemberheft des Braunschweigischen Journals von 1790 ein von Basedows Magdeburger Freundeskreis verfasster Spendenaufruf zu einem Grabdenkmal für Basedow abgedruckt. Zu den ersten Geldgebern gehörten auch viele führende Erziehungsschriftsteller, die sich der philanthropischen Pädagogik verschrieben hatten. Einer der großzügigsten Spender, der sich dazu verpflichtete, eine erkleckliche Summe für das geplante Monument zur Verfügung zu stellen, war Basedows stets generöser Freund, der märkische Landschulreformer Rochow aus Reckahn.

Es sollten allerdings noch sieben Jahre vergehen, bis die für ein stattliches Grabdenkmal notwendige Summe vollständig eingetrieben worden war und der beauftragte Bildhauer ein würdiges Denkmal geschaffen hatte. Zu sehen war darauf ein Reliefmedaillon aus Marmor mit Basedows Antlitz im Profil, das vor einer Urne und einer abgebrochenen Säule – als Symbol eines zu früh beendeten Lebens – seinen Platz fand. Im Jahr 1797 wurde dieses Denkmal dann an Basedows Grabstelle errichtet, um den nachfolgenden Generationen den Sinn für die überragende Bedeutung dieses Mannes zu erhalten und seinen Namen – wie es sein erster Biograph Rathmann schon im ausgehenden 18. Jahrhundert ausdrückte – »ehrwürdig und unvergeßlich [zu] machen«.[389]

10. Epilog: Basedows bleibendes Vermächtnis

Basedows Grabdenkmal hat die Zeiten nicht unbeschadet überstanden. Als Magdeburg nach dem Zweiten Weltkrieg und der Auflösung Preußens im Zuge der Aufteilung und politischen Neuordnung Deutschlands zu einer der 14 Bezirkshauptstädte der neugegründeten DDR ernannt worden war, kam es dort in den 1950er Jahren zur Sprengung mehrerer mittelalterlicher Kirchen. Diese standen in den Augen der neuen Machthaber der geplanten sozialistischen Umgestaltung der Stadt als architektonische Hindernisse im Weg. Zehn sakrale Bauwerke, darunter die mit zwei feingliedrigen Türmen ausgestattete gotische Ulrichskirche, wurden von den SED-Regierenden zum Abriss freigegeben. Auch die spätmittelalterliche Heilige-Geist-Kirche wurde im Mai 1959 gesprengt. Dabei führte die gewaltige Detonation auch zu gravierenden Zerstörungen auf dem benachbarten Heilige-Geist-Kirchhof, auf dem sich Basedows Grab befand. Einem beherzten Bürger der Stadt, Hans Schuster, gelang es jedoch, noch vor den Sprengungen, die einen kostbaren und unwiederbringlichen Teil der Architektur- und Kulturgeschichte Magdeburgs für immer auslöschten, zumindest einige Versatzstücke von Basedows Grabdenkmal abzutragen und in Sicherheit zu bringen.

Nach dem Ende der DDR – das im europäischen Revolutionsjahr 1989 von aufständischen Bürgern mit viel Mut erzwungen worden war – und im Anschluss an die 1990 erfolgte Wiedervereinigung der beiden deutschen Staaten zur vergrößerten Bundesrepublik artikulierte sich in Magdeburg das Verlangen, Basedows Grabdenkmal wiedererstehen zu lassen. Unter Verwendung der geretteten Originalteile sollte es in der Nähe des alten Ortes neu errichtet werden. Wie schon im ausgehenden 18. Jahrhundert erging auch jetzt

Abb. 30: Basedows Grabdenkmal in Magdeburg. Foto 2016

wieder ein Aufruf an spendenwillige Bürger, die sich in genügend großer Zahl fanden, um ein teils renoviertes, teils auch getreu rekonstruiertes Basedow-Denkmal gemeinsam zu finanzieren. Am 9. Mai 2015 kam es zur Einweihung dieses Monuments.[390] Es befindet sich in Sichtweite des als Kunstmuseum genutzten Liebfrauenstiftes. Wie ehedem sind die Flaneure und Besucher der Stadt Magdeburg eingeladen, das auch ästhetisch überzeugende Grabdenkmal zu bewundern, um diesen besonderen Ort des Andenkens an Basedow eingehend auf sich wirken zu lassen.

Dabei könnten sich die Betrachter dann auch folgende Frage stellen: Was genau ist das bis auf den heutigen Tag bedeutsame Vermächtnis des in Hamburg geborenen und in Magdeburg begrabenen Pädagogen und Erziehungsschriftstellers, das die Rekonstruktion eines mit großem finanziellen Aufwand wiederhergestellten Denkmals rechtfertigt? Und warum sollte man, wie Campe schon 1796 in einem Brief an den Magdeburger Probst Gotthilf Sebastian Rötger vorschlug, auch Basedows Bücher noch lange über seinen Tod hinaus lesen? Zumal – wie Campe damals als ausgewiesener Kritiker von ausschließlich steinernen Denkmälern betonte – die Neuausgabe und Lektüre von Basedows wichtigsten Schriften ohnehin die einzig »wohltätige« und »gemeinnützige« Art sei, dem »auch von mir verehrten Basedow ein Denkmal« zu setzen.[391] Ist Basedow denn noch immer, auch im 21. Jahrhundert, zeitgemäß?

Die Frage, ob der Dessauer Schulgründer als zeitgemäß zu betrachten sei, wurde wortwörtlich schon ein Menschenalter nach dessen Ableben von dem berühmten preußischen Lehrerbildner Adolph Diesterweg aufgeworfen, als die Neuhumanisten in der politisch bewegten Phase des Vormärz der philanthropischen Pädagogik den Vorwurf machten, vor allen mit Anstrengung und Disziplin verbundenen Lehrmethoden Scheu zu empfinden. Diesterweg, der an Kant geschult war und Basedow als großes pädagogisches Vorbild betrachtete, setzte in den 1830er und 1840er Jahren voraus, dass es sich bei der Aufklärung um einen langwierigen Prozess handele, der sich noch über sehr viele Generationen erstrecken würde.[392] Die wesentlichsten Punkte von Basedows Pädagogik, das spielerische Lernen und die Erziehung zur Toleranz, seien im Unterricht der öffentlichen Schulen jedenfalls noch lange nicht an allen Orten Wirklichkeit geworden. Deshalb verteidigte Diesterweg diese pädagogischen Ziele auch gegen ihre Anschwärzer aus dem reaktionären und antidemokratischen Lager resolut. Den Erziehungsidealen Basedows, meinte er, würden noch für lange Zeit die Zukunft gehören.

Interessant ist nun, dass genau jene Aspekte der aufklärerischen Pädagogik, die schon von Diesterweg in der Mitte des 19. Jahrhundert als wegweisend charakterisiert wurden, noch immer intensiv diskutierte Fragen und Themen moderner Erziehungswissenschaft sind: das Glück des zweckfreien, spielerischen Lernens – und das im Unterricht zu vermittelnde Verständnis für unterschiedliche Lebensentwürfe und Glaubensvorstellungen, das in einem eigens dafür vorgesehenen Schulfach vermittelt werden sollte. Basedows Entwurf eines selbständigen, freiwilligen, vergnüglichen und spielerischen Lernens zur Befriedigung der natürlichen Wissbegierde und zur Beförderung des individuellen und gesellschaftlichen Glücks ist dabei in der gegenwärtigen Öffentlichkeit durchaus als ein noch immer zeitgemäßer Beitrag zum Diskurs über Erziehung, Bildung und Schule wahrgenommen worden.[393] Als Vorreiter aktuell diskutierter Vorstellungen zum Religionsunterricht und zur Toleranzerziehung wird er in der heutigen Bildungsdebatte jedoch bislang nicht in gleicher Weise genannt.

Hier liegt jedoch gegenwärtig seine wohl größte Bedeutung, denn gerade Fragen der religiösen, ethischen oder philosophischen Unterweisung in der Schule gehören derzeit zu den am leidenschaftlichsten diskutierten pädagogischen Themen. Das ist nicht zuletzt deshalb so, weil islamische und freidenkerisch-humanistische Verbände für sich das Recht reklamieren, ihre jeweiligen religiösen oder philosophischen Positionen neben denen der christlichen Kirchen und der jüdischen Gemeinden in einem schulischen Unterrichtsfach unter staatlicher Aufsicht vertreten und erläutern zu dürfen. Immerhin ist der Religionsunterricht in der Bundesrepublik Deutschland laut den entsprechenden Ausführungen des Grundgesetzes verfassungsrechtlich als ordentliches Lehrfach abgesichert und für alle garantiert.[394] Anders als in den USA oder in Frankreich, wo an den staatlichen Schulen keine religiöse Unterweisungen stattfinden, ist es in Deutschland geboten, einen Religionsunterricht so zu konzipieren, dass er dem heutigen weltanschaulichen Pluralismus und auch der nötigen Integration von Migranten der unterschiedlichsten Konfessionen und Religionsgemeinschaften Rechnung trägt.

Nun ist es so, dass das gesamte Schulwesen und damit selbstredend auch der Religionsunterricht im föderalen System der Bundesrepublik Deutschland von den einzelnen Bundesländern ausgestaltet und verantwortet werden. In den vergangenen Jahren sind daher von Baden-Württemberg über Nordrhein-Westfalen und Brandenburg bis Hamburg eine Vielzahl von ganz unterschiedlichen religionspädagogischen Konzepten erarbeitet und vorgelegt worden. Teilweise haben diese zwar noch experimentellen Charakter, vielfach prägen sie jedoch schon das jeweilige Curriculum der einzelnen Länder. Übrigens sind in den letzten Jahrzehnten auch in den föderalistisch geprägten Schulsystemen der Schweizerischen Eidgenossenschaft und der Bundesrepublik Österreich unterschiedliche Modelle der Religionserziehung zum Einsatz gekommen.[395]

Ein Überblick über die derzeit geltenden Regelungen in den staatlichen Schulen Deutschlands zeigt, wie variantenreich mittlerweile dem Gleichheitsgrundsatz des Grundgesetzes, allen hierzulande praktizierten Religionen die Möglichkeit zur Gestaltung eines schulischen Religionsunterrichts zu geben, entsprochen wird. Berlin führte 2006 ein für alle Schüler verpflichtendes Unterrichtsfach Ethik ein, in dem auch über die Gestalt und die Glaubenslehren der unterschiedlichen Religionen aufgeklärt werden soll. Baden-Württemberg folgte 2007 mit dem Angebot einer Zusatzausbildung für islamischen Religionsunterricht, mit dem Ziel, dass Lehrer zukünftig an öffentlichen Schulen wissenschaftlich verlässlich über den Islam Auskunft erteilen können. In Nordrhein-Westfalen können Schüler, die nicht eine Form des christlich-konfessionellen Religionsunterrichts besuchen wollen, ersatzweise das Fach Praktische Philosophie belegen. Bayern hingegen verfährt noch weitgehend traditionell.

Dort dürfen sich Schüler erst mit Vollendung des 18. Lebensjahres vom klassischen Religionsunterricht abmelden.

Die Freie und Hansestadt Hamburg, Basedows Geburtsstadt, führte bis in jüngste Zeit einen Religionsunterricht für alle Schüler in Verantwortung der Evangelisch-lutherischen Kirche durch, der zwar formal ein bekenntnisgebundener Unterricht war, sich jedoch zugleich an Schüler und Jugendliche jedweder Glaubensrichtung wandte. Laut Hamburgischem Schulgesetz wurde dieser Unterricht »in Übereinstimmung mit den Grundsätzen der Religionsgemeinschaften im Geiste der Achtung und Toleranz gegenüber anderen Bekenntnissen und Weltanschauungen«[396] erteilt. Dass somit unter allen deutschen Bundesländern Basedows Vaterstadt einem Religionsunterricht gesetzliche Gültigkeit verlieh, der sehr weitgehend seinen umstrittenen Forderungen der 1760er Jahre entspricht, ist nicht nur eine pikante Ironie der Geschichte, sondern ein Hinweis auf die Gültigkeit der These, dass der Hamburger philanthropische Pädagoge in der Tat noch immer zeitgemäß ist.

Auch wenn Hamburg jetzt fortschreitet zu einem sogenannten »Religionsunterricht in gemeinsamer Verantwortung«,[397] der nun von allen Religionsgemeinschaften gemeinsam getragen und organisiert wird, bleiben Basedows Gedanken, vor allem sein Eintreten für eine Toleranz und Friedensfähigkeit aller Bürger, weiter vorbildlich. Je genauer wir über den historischen Kontext und die historische Identität seiner religionspädagogischen Ideen informiert sind, umso fruchtbarer wird unsere Auseinandersetzung mit ihnen. Noch immer bieten sie Orientierung in der heutigen Debatte über Möglichkeit, Maß und Notwendigkeit einer modernen Religions- und Werteerziehung. Die Lektüre seiner Schriften ist überaus hilfreich bei der Herausbildung eines radikalen Toleranzverständnisses, das in der Schule erarbeitet werden sollte. Gültig ist nach wie vor, wie Basedow einst schrieb, dass »Jugend aus verschiednen Kirchen, ohne

Widerspruch der Geistlichen, das Menschliche und Bürgerliche zusammen gemeinschaftlich lernen und zugleich in den ersten Jahren sich zur heilsamen Vertragsamkeit gewöhnen können«.[398]

Basedows Leitsätze gehören zum Besten, was das Zeitalter der Aufklärung hervorgebracht hat, und seine Prinzipien sind heute womöglich aktueller denn je. Es steht zu erwarten, dass der in wenigen Jahren bevorstehende 300. Geburtstag des Hamburger Pädagogen ein wichtiger Moment ihrer vermehrten Rezeption sein wird sowie ein weiterer Meilenstein der Erinnerung an seine nach wie vor gültigen Botschaften. Es bleibt unverzichtbar, an Basedow und seine pädagogischen Ideale zu erinnern. Er war einer der ganz großen Vorkämpfer der menschenfreundlichen und toleranten Gesellschaft der freiheitlichen Moderne, einer ihrer wirklich bedeutenden Verkünder, vielleicht sogar ihr »Prophet«.[399] Jedenfalls bezeichnete der vom Sturm-und-Drang beseelte junge Goethe den um eine Generation älteren Hamburger Schriftsteller und Erziehungsreformer auf ihrer unvergesslichen Sommerreise des Jahres 1774 mit diesem großen Wort.

Wenn Basedow damals wie ein Prophet auftrat und wirkte, dann traf er immerhin mit einer seiner Prophezeiungen durchaus ins Schwarze. Denn dass der Weg zu einer Umsetzung der Forderung nach einer radikalen religiösen Toleranz in unserer Gesellschaft ein langer und von vielen Rückschlägen gekennzeichneter Marsch sein würde, war ihm vollständig bewusst. Heute müssen wir bekennen, dass seit Basedows Zeiten zwar schon viel erreicht ist, doch bleibt das Ziel eines friedlichen und verträglichen Zusammenlebens aller Religionsgemeinschaften eine in vielerlei Hinsicht gefährdete Utopie. Es lohnt sich aber, an ihr festzuhalten. Wie Basedow einst sagte: »Man erstaunt und wird noch lange erstaunen über diese Wahrheit.«

Anmerkungen

1 Goethe: Dichtung und Wahrheit, Bd. 10, S. 24.
2 Ebd., S. 25.
3 Goethe: Dichtung und Wahrheit, Bd. 9, S. 329.
4 Bach: Rheinreise, S. 82.
5 Ebd., S. 83.
6 Ebd., S. 171.
7 Basedow: Practische Philosophie, S. 747.
8 Basedow: Versuch für die Wahrheit, S. 278.
9 Goethe: Dichtung und Wahrheit, Bd. 9, S. 149.
10 Basedow: Betrachtungen, S. 90.
11 Ebd.
12 RK, Privatarkiv 5129 Bernstorff Wotersen, Promemoria Johann Bernhard Basedows an Johann Hartwig Ernst Bernstorff, 23.7.1764.
13 Goethe: Dichtung und Wahrheit, Bd. 9, S. 512. Der vollständige Titel der im Jahr 1773 anonym veröffentlichten Schrift lautet: Brief des Pastors zu *** an den neuen Pastor zu ***. Aus dem Französischen. Das Büchlein ließ Goethe auf eigene Kosten in der Eichenbergischen Buchhandlung in Frankfurt am Main drucken.
14 Bach: Rheinreise, S. 81.
15 Ebd., S. 82.
16 Ebd., S. 173.
17 Ebd., S. 110.
18 Ebd., S. 96.
19 Ebd., S. 113.
20 Ebd., S. 173.
21 Ebd., S. 83. Goethe übertrieb hier nicht. Der Katalog von Basedows erstaunlich umfassender Bibliothek hat sich erhalten, vgl. dazu Schmitt: Resultate, S. 401-405.
22 Bach: Rheinreise, S. 179.
23 Ebd.
24 Ebd.
25 Ebd.
26 Vgl. A. Basedow: Basedow, S. 10.
27 Ebd., S. 6.
28 Vgl. z.B. Basedow: Bernhard aus Nordalbingien.
29 Der Eintrag des Proklamationsbuches von St. Nikolai wurde eingesehen und zitiert von A. Basedow: Basedow, S. 10.
30 Basedow: Etwas aus dem Archive, S. 8.
31 Meier: Basedow's Leben, Bd. 1, S. 164.
32 Basedow: Etwas aus dem Archive, S. 8.
33 Zur Geschichte des Johanneums vgl. Kelter: Hamburg.
34 Basedow: Vita, S. 8.
35 Klefeker: Sammlung, Bd. 5, S. 138.

36 Über Müller zusammenfassend Kopitzsch: Müller.
37 Klefeker: Sammlung, Bd. 5, S. 152.
38 Ebd.
39 Vgl. dazu Kopitzsch: Müller, S. 33.
40 Vgl. dazu Riedel: Schuldrama, S. 239.
41 Vgl. dazu Kelter: Hamburg, S. 88.
42 A. Basedow: Basedow, S. 24.
43 Basedow: Vita, S. 7-8.
44 Rousseau: Bekenntnisse, Erster Teil, Buch II, S. 48.
45 Rathmann: Beyträge, S. 4.
46 Gudme: Schleswig-Holstein, S. 383.
47 A. Basedow: Basedow, S. 9.
48 Ebd., S. 32.
49 Zur Geschichte des Hamburger Akademischen Gymnasiums und der dortigen Tätigkeit von Jungius und Gutbier vgl. jetzt Brietzke: Das Akademische Gymnasium; Steiger: Das Akademische Gymnasium.
50 Vgl. dazu Martens: Botschaft der Tugend.
51 Basedow: Nothwendigkeit der Geschichts=Kunde, S. 18.
52 Zu den eingeweihten Hamburger Freunden gehörten der Dichter Barthold Hinrich Brockes, der Senatssyndikus Johann Klefeker und der niederländische Konsul in Hamburg, vgl. dazu Schmidt-Biggemann: Reimarus, S. 352.
53 Reimarus: Apologie, S. 41.
54 Eine vollständige Ausgabe der »Apologie« erschien erst 1972, vgl. Reimarus: Apologie.
55 Spalding: Der rätselhafte Tutor, S. 61f.
56 Basedow: Vita, S. 8.
57 Schmidt-Biggemann: Handschriftenverzeichnis, S. 28-34.
58 Basedow: Nothwendigkeit der Geschichts=Kunde, S. 20.
59 Basedow: Philalethie, Bd. 1, S. 471.
60 Ebd., S. 469.
61 Ebd., S. 470.
62 Ebd., S. 467.
63 Ebd., S. 471.
64 Ebd., S. 469.
65 Ebd., S. 471.
66 Peter Freimark: Dreigemeinde, S. 61.
67 Vgl. Lüth: Aus der Geschichte, S. 52; vgl. dazu auch Herzig (Hg.): Die Juden.
68 Basedow: Philalethie, Bd. 1, S. 471.
69 Ebd.
70 A. Basedow: Basedow, S. 40.
71 Vgl. dazu Kopitzsch: Grundzüge, S. 316.
72 StA Hbg., 362-1, Akademisches Gymnasium, B 2 Acta et Documenta Gymnasii Hamburgens., Matricula Gymnasii Hamburgensis, S. 77-167.
73 Borkenstein: Bookesbeutel.

74 Goethe: Faust, S. 70.

75 Meine hier vorgenommene Skizze der Leipziger Verhältnisse basiert auf der ausgezeichneten Darstellung von Martens: Das Bild Leipzigs.

76 Gotthold Ephraim Lessing schrieb sich am 20.9.1746 in die Leipziger Matrikel ein. 1749 berichtete er in einem Brief an seine Mutter rückblickend über seine Anfänge in der sächsischen Universitätsstadt: »Ich komme nach Leipzig, an einen Ort, wo man die ganze Welt im kleinen sehen kann.« In: Lessing: Briefe, S. 10.

77 Johann Bernhard Basedow an Matthäus Arnold Wilckens, 14.5.1746, SUB Hbg., Sup. Ep. 113, 124-125.

78 Ebd.

79 Ebd.

80 Nikolaus Dietrich Giseke an Matthäus Arnold Wilckens, 22.8.1747, SUB Hbg., Sup. Ep. 113, 132.

81 Johann Bernhard Basedow an Matthäus Arnold Wilckens, 10.10.1747, SUB Hbg., Sup. Ep. 113, 126-127.

82 Ebd.

83 Nikolaus Dietrich Giseke an Matthäus Arnold Wilckens, 18.10.1746, SUB Hbg., Sup. Ep. 113, 128.

84 Johann Bernhard Basedow an Matthäus Arnold Wilckens, 14.5.1746, SUB Hbg., Sup. Ep. 113, 124-125: »Ich habe hier zwar schon Gelegenheit gefunden, des Jahrs an 80 Rthl mit eignen Arbeiten zu erwerben. Allein auch dieses ist zu meinen bisherigen Stipendiis kein tüchtiger Zusatz.«

85 Rathmann: Beyträge, S. 10.

86 Friedrich von Hagedorn an Nikolaus Dietrich Giseke, 18.1.1747. In: Hagedorn: Briefe, S. 199.

87 Johann Bernhard Basedow an Matthäus Arnold Wilckens, 10.10.1746, SUB Hbg., Sup. Ep. 113, 126-127.

88 Basedow: Philalethie, Bd. 1, S. 472.

89 Tonelli: Einleitung, S. XIV.

90 Die »Logik« trug den Titel: »Weg zur Gewißheit und Zuverlässigkeit der menschlichen Erkenntnis«. Leipzig 1747; die »Physik« erschien als: »Anleitung über natürliche Begebenheiten ordentlich und vorsichtig nachzudencken«. Leipzig 1749.

91 Vgl. dazu Tonelli: Streit über die mathematische Methode, S. 43.

92 Crusius: Weg zur Gewißheit, §361, S. 640.

93 Ebd., §419, S. 748.

94 Crusius: Anleitung, S. 61.

95 Crusius: Weg zur Gewißheit, §605, S. 1041.

96 Ebd., §606, S. 1043.

97 Ebd., §417, S. 747.

98 Ebd., §§407-408, S. 725.

99 Crusius: Anleitung, S. 63-64.

100 Basedow: Philalethie, Bd. 1, S. 473.

101 Ebd., S. 474.

102 Friedrich von Hagedorn an Johann Jakob Bodmer, 10.4.1747. In: Hagedorn: Briefe, S. 204.
103 Klopstock: Der Messias, I, S. 7.
104 Klopstock: Messias, II, S. 63.
105 Klopstock: Messias, III, S. 82.
106 Friedrich Gottlieb Klopstock an Johann Jakob Bodmer, 19.10., 5.11., 2.12.1748. In: Klopstock: Werke und Briefe, S. 30.
107 Klopstock: Messias, Apparat, S. 882.
108 Gellert: Moralische Vorlesungen, S. 8.
109 Ebd., S. 7.
110 Goethe: Dichtung und Wahrheit, Bd. 9, Zweiter Teil, 7. Buch, S. 295.
111 Schummel: Blumenthal, S. 229.
112 Ebd.
113 Ebd.
114 Gellert: Moralische Vorlesungen, S. 222.
115 Ebd., S. 224.
116 Ebd., S. 221.
117 Ebd., S. 281.
118 Vgl. Christian Fürchtegott Gellert an Johanna Erdmuth von Schönfeld, 26.2.1759. In: Gellert: Briefwechsel, Bd. 2, S. 225. Friedrich Koch erblickt in Gellerts »dichterische[r] Gestaltung« der Sittenlehre die »Vorwegnahme seiner Erziehungslehre der Vorlesungen«. Koch: Gellert, S. 105.
119 Gellert: Leben, S. 51.
120 Ebd., S. 71.
121 Ebd., S. 60.
122 Gellert: Menschenliebe. In: Belustigungen des Verstandes und des Witzes, Bd. 5, November 1743, S. 426-433.
123 Gellert: Moralische Vorlesungen, S. 239.
124 Ebd., S. 241.
125 Johann Bernhard Basedow an Matthäus Arnold Wilckens, 19.10.1747, SUB Hbg., Sup. Ep. 113, 126-127.
126 Vgl. Tiemer: Gut Borghorst, S. 128.
127 LAS, Schleswig, Abt. 399.1191, Nr. 13.
128 Ebd.
129 Benzler: Die merkwürdigsten Umstände, S. 28: Basedow studierte in Leipzig, »was ihn mit Geßner, Cramer, Klopstock, Deutsch, Elers, Ebert etc. in Verbindung brachte und deren Freundschaft erwarb. Er wurde von einem unter diesen [...] als Hofmeister bei dem Herrn von Qualen im Holsteinischen [...] empfohlen.«
130 Album der Christian-Albrechts-Universität, S. 98.
131 Friese: Dissertatio.
132 Friese: Oratio.
133 Locke: Unterricht von Erziehung; Locke: Gedancken von Erziehung junger Edelleute. Zum generellen Einfluss Lockes auf die deutsche Frühaufklärung: Brandt: Locke.

134 Der Patriot, Bd. 1, Stück 8, S. 68.
135 Locke: Gedanken über Erziehung, §60, S. 54.
136 Ebd., Widmung an Edward Clarke, S. 3.
137 Ebd., Gedanken über Erziehung, §63, S. 57.
138 Ebd., §148, S. 57.
139 Ebd., §163, S. 200.
140 Ebd., §166, S. 201.
141 Johann Bernhard Basedow an Michael Richey, 30.11.1749. In: Basedow: Epistolae, S. 9.
142 Basedow: Inusitata Methodus. §17, S. 13.
143 Basedow: Kurze Nachricht, §6, S. 5.
144 Ebd.
145 Ebd.
146 Basedow: Kurze Nachricht, §4, S. 3.
147 Ebd., §7, S. 6.
148 Basedow: Inusitata Methodus, §21, S. 18.
149 Vgl. Locke: Gedancken über Erziehung, §8, S. 13 und §63, S. 57.
150 Basedow: Methodenbuch, S. 249.
151 Eine Skizze des eindrucksvollen Lebensganges des Josias von Qualen findet sich in: Dansk biografisk Leksikon, Bd. 13, S. 318-319.
152 Basedow: Kurze Nachricht, §15, S. 13.
153 Ebd.
154 Ebd.
155 Ebd.
156 Locke: Gedancken über Erziehung, §1, S. 7.
157 Basedow: Inusitata Methodus.
158 Ebd., Praefatio, S. 1.
159 Ebd., S. 2 und §42, S. 38.
160 Ebd., Praefatio, S. 1.
161 Johann Wolfgang von Goethe an Friedrich August Wolf, 25.2.1805. In: Goethe: Briefe, Bd. 2, S. 474.
162 Wolf: Dritter Aufsatz, S. 394.
163 Stroh: Latein ist tot, S. 347.
164 Basedow: Kurze Nachricht, §15, S. 13.
165 Ebd.
166 Basedow: Methodenbuch, S. 160.
167 Vgl. dazu A. Basedow: Basedow, S. 58.
168 Herder: Journal, S. 119.
169 Klopstock: Briefe I, S. 167.
170 Klopstock: Briefe II, S. 44.
171 RK, Danske Kancelli D 18, Sjællandske Registre 1753-54; Bestallingsdokument 26.1.1753.
172 Lohmeier: Kopenhagen, S. 177.
173 Die beste Gesamtdarstellung dieses kulturpolitischen Umschwungs in Dänemark bietet Feldbæk: Den lange fred, S. 207.
174 Hansen: Niebuhr's Museum.

175 »[F]ælleskultur«: Feldbæk: Danmark-Norge, S. 155.
176 Vgl. dazu Overhoff/Kopitzsch: Der deutsch-dänische Kulturaustausch.
177 Der Versuch, die Soröer Ritterakademie zu einem Gegenpol zur Universität Kopenhagen auszubauen, wird ausführlich geschildert in Bilgeskov Jansen: Universität Kopenhagen, S. 49.
178 »[E]t alternativt universitetsmiljø«, Feldbæk: Danmark-Norge, S. 132.
179 »ham den faktiske kongemagt i hænder«, Cedergreen Bech: Oplysning, S. 302.
180 Moltke: Plan, S. 63.
181 Ebd.
182 Meta Klopstock an Elisabeth Schmidt, 28.12.1755. In: M. Klopstock: Briefwechsel, S. 485.
183 Johann Bernhard Basedow an Friedrich Gottlieb Klopstock, 5.12.1758. In: Klopstock: Briefe III, S. 109.
184 Ebd.
185 Klopstock: Arbeitstagebuch, S. 263 und S. 368.
186 Christian Fürchtegott Gellert an Charlotte Sophie von Bentinck, [ohne Datum] 1755. In: Gellert: Briefwechsel, Bd. I, S. 272.
187 Cramer: Klopstock, Teil 4, S. 347.
188 RK, Partikulærkammer Regnskaber 1753, Nr. 1477 vom 19.3.1753.
189 In seiner Bestallungsurkunde wird Basedow dazu berufen, als Professor »Philosophiae Moralis« zu unterrichten. RK, Danske Kancelli D 18, Sjællandske Registre 1753-1754, Nr. 25.
190 Basedow: Haupt=Probe, S. 115.
191 LAK, Sorø Akademi og Skole, Examinations-Protocoll indrettet for de nye ankommende Academister 1754-1780, 5.8.1755: »[I]n jure publico profiterede Candidaten intet in heller i Philosophien moralis«.
192 Basedow: Vom Unterrichte, S. 102.
193 Ebd., S. 114.
194 Johann Bernhard Basedow an Christian Fürchtegott Gellert, 10.3.1758. In: Gellert: Briefwechsel, Bd. 2, S. 156.
195 Eingabe Johann Bernhard Basedows an König Friedrich V. vom 18.8.1757. In: RK, Danske Kancelli, Sjællandske Missiver 454-55/1757.
196 A. Basedow: Basedow, S. 66.
197 Vgl. zu Juels Argumentation RK, Danske Kancelli, Koncepter og Indlæg til Sjællandske Tegnelser 1757, Teil E.
198 Basedow: Vom Unterrichte, S. 116.
199 Ebd.
200 Ebd.
201 Basedow: Rede über den frühzeitigen Tod, S. 142.
202 Ebd., S. 139.
203 Basedow: Practische Philosophie.
204 Ebd., S. 1033.
205 Ebd., S. 33.
206 Ebd., S. 683.

207 Ebd., S. 734.
208 Ebd., S. 681.
209 Ebd., S. 740.
210 Ebd.
211 Ebd., S. 798.
212 Ebd., S. 742.
213 Zu diesen Zusammenhängen vgl. Overhoff: William Penn, S. 63-64.
214 Basedow: Practische Philosophie, S. 747.
215 Ebd., S. 540.
216 Ebd., S. 12.
217 Ebd., S. 547.
218 Ebd., S. 548.
219 Ebd., S. 560.
220 Neue Zeitungen von gelehrten Sachen, Nr. 35, 1.5.1758, S. 316.
221 Göttingische Anzeigen von gelehrten Sachen, Stück 20, 15.2.1759, S. 185.
222 Basedow: Philosophiske Pligter.
223 Mercure Danois, August 1759, S. 94.
224 Basedow: Ueberzeugende Methode, Vorrede.
225 Vgl. dazu Vollhardt: Lessing, S. 47.
226 Zit. n. Magon: Ein Jahrhundert, S. 214.
227 Der Nordische Aufseher, Stück 29, 8.6.1758, S. 251.
228 Briefe, die neueste Litteratur betreffend, 26.7.1759.
229 Der Nordische Aufseher, Stück 50, 28.10.1758, S. 453.
230 Ebd., S. 456.
231 Lessings Kontroverse mit Cramer ist unlängst ausführlich erörtert worden, vgl. Stockhorst: Das ›frühere Vorurteil‹.
232 Briefe, die neueste Litteratur betreffend, 26.7.1759.
233 Ebd., S. 841.
234 Briefe, die neueste Litteratur betreffend, 2.8.1759.
235 Basedow: Vergleichung.
236 Ebd., S. 17.
237 Ebd., S. 15.
238 Ebd., S. 35.
239 Ebd.
240 Briefe, die neueste Litteratur betreffend, 12.6.1760.
241 Ebd.
242 Ebd.
243 Eingabe Frederik Danneskiold-Samsöes an König Christian VII., Oktober 1767, übersetzt und abgedruckt in A. Basedow: Basedow, S. 74-77, hier S. 74. Es ist mir leider nicht gelungen, das französische oder dänische Original der Eingabe ausfindig zu machen.
244 Eingabe Danneskiold-Samsöe, S. 75.
245 Ebd.
246 Johann Bernhard Basedow an Frederik Danneskiold-Samsöe, 21.11.1760. In: Carlsen: Über J.B. Basedows Entlassung, S. 25.

247 Ebd.
248 »Professor Basedow fra Academiet afgaæ«, LAK, Sorø Akademi og Skole, Lektions-Protokoll, 2.1.1761.
249 Ebd.
250 Zur Geschichte Altonas in der Frühen Neuzeit jetzt zusammenfassend und mit Verweis auf weiterführende Literatur Kopitzsch: Altona, bes. S. 18-25.
251 Vgl. zu Reventlow meine aktuelle biographische Skizze und die darin enthaltenen weiterführenden Hinweise in: Hamburgische Biografie, Bd. 7, S. 278-280.
252 LAS, Deutsche Kanzlei Abt. 65.2, Nr. 603 II, Bestallung für den Professoren Johann Bernhard Basedow als Professor moralium bei dem Gymnasium zu Altona 1761.
253 Ebd.
254 Ebd.
255 LAS, Schulsachen – Gelehrtenschulen – Altonaer Gymnasium [603: Lehrer am Gymnasio bis 1772 (Convulut I)], Teil D.
256 Vgl. dazu auch Overhoff: Basedow und das Gymnasium Christianeum.
257 Basedows Plan befindet sich im LAS, Abt. 65.2, Nr. 604 Christianeum. Rectoren des Pädagogii 1750-1767, darin: Johann Bernhard Basedow: Einige Gedanken [...] wegen des Gymnasiums, der Schule und des Rectorats auf gnädigen Befehl unterthänigst aufgesetzet, S. 3-8, hier § 3.
258 Basedow: Methodischer Unterricht.
259 Vgl. Handbuch zur Kinder- und Jugendliteratur, S. 706.
260 Basedow: Methodischer Unterricht, Bd. 1, S. XLII.
261 Ebd., S. XI.
262 Ebd., S. IV.
263 Basedow: Methodischer Unterricht, Bd. 1, S. XI.
264 Vgl. dazu die erhaltenen Vorlesungsverzeichnisse der Jahre 1762, 1765, 1766, 1768 in: Opuscula Nonnulla Professorum Christianei, Vol. 7-9. Diese Vorlesungsverzeichnisse werden noch heute im Archiv des Christianeums aufbewahrt. Basedows Lehrveranstaltungen sind aber auch abgedruckt in A. Basedow: Basedow, S. 82-84.
265 AC, R 37, Schulakten 1764-66, 6.10. 1764.
266 Eine sorgfältig wägende und gründlich recherchierte Biographie Goezes liegt jetzt vor: Wieckenberg: Goeze.
267 StA Hbg., 511-1, Bd. 1, Ministerium (Ministerial-Archiv) III A 1 v, S. 196.
268 Ebd.
269 StA Hbg., 511-1, Bd. 1, Ministerium (Ministerial-Archiv) III A 1 v, S. 197.
270 Ebd.
271 Klefeker: Sammlung, Bd. 12, S. 433.
272 StA Hbg., 511-1, Bd. 1, Ministerium (Ministerial-Archiv) III A 1 v, S. 197.

273 Vgl dazu Boehart: Politik und Religion, S. 192.

274 AC, M 36, Paul Christian Henrici, Anzeige der Ursachen, warum die Frequenz bey dem akad. Gymnasio und dem Paedagogio zu Altona abgenommen, 24.3.1768, §6.

275 AC, M 7 Basedow, Aktenvorgang zum Fall Fielbaum, Schreiben Samuel Fielbaums vom 30.8.1765 an die Professorenschaft des Christianeums.

276 AC, M 7 Basedow, Aktenvorgang zum Fall Fielbaum, Schreiben des Pastors Samuel Fielbaum an den Rektor des Christianeums vom 24.9.1765.

277 In einem Brief an seinen Onkel Johann Hartwig Ernst von Bernstorff vom 27.7.1768 schreibt Andreas Peter von Bernstorff, dass Klopstock über Basedows Religionspädagogik gesagt habe, »quel'idée est bonne«, A.P. Bernstorff an J.H.E. Bernstorff, 27.7.1768. In: Friis: Bernstorffske Papirer, Bd. 1, S. 522.

278 Johann Bernhard Basedow an Johann Hartwig Ernst von Bernstorff, 28.5.1766. In: Friis: Bernstorffske Papirer, S. 44.

279 Johann Bernhard Basedow an Johann Hartwig Ernst von Bernstorff, 3.2.1764. In: Friis: Bernstorffske Papirer, Bd. 2, S. 34.

280 RK, Privatarkiv 5129, Bernstorff Wotersen, Breve til J.H.E. Bernstorff fra Johann Bernhard Basedow (1763-1770), Promemoria Johann Bernhard Basedows an Johann Hartwig Ernst Bernstorff, 23.7.1764.

281 Johann Bernhard Basedow an Johann Hartwig Ernst von Bernstorff, 28.5.1766. In: Friis: Bernstorffske Papirer, S. 42.

282 Basedow: Betrachtungen, S. 90.

283 Ebd., S. 83.

284 Ebd.

285 Voltaire: Traité, Kap. 4, S. 49 und Kap. 18, S. 121.

286 Vgl. Schmitt: Ein Mikrokosmos.

287 Vgl. Krüger: Struensee, S. 17.

288 Winkle: Struensee, S. 216.

289 Vgl. Cedergreen Bech: Struensee, S. 280.

290 Johann Bernhard Basedow an Johann Hartwig Ernst von Bernstorff, 28.5.1766. In: Friis: Bernstorffske Papirer, Bd. 2, S. 46.

291 Vgl. Basedow: Vorstellung, §38, S. 41.

292 Vgl. A. Basedow: Basedow, S. 95.

293 AC, Index Praelectionum […] Altona 1770.

294 Christian VII. an Leopold III. Friedrich Franz von Anhalt-Dessau, 8.8.1771, RK, Departementet for udenrigske Anliggender: Koncepter til Gehejme Registraturen, 1771 maj-aug., lb.nr. 292.

295 Bahnbrechende Forschungsergebnisse zu diesem Themenkomplex bietet Erhard Hirsch: Die Dessau-Wörlitzer Reformbewegung. Vgl. aber auch Niedermeier: Das Gartenreich.

296 Zit. n. Hirsch: Dessau-Wörlitz, S. 17.

297 Leopold Friedrich Franz, S. 22.

298 Reil: Leopold Friedrich Franz, S. 105 f.
299 Vgl. Schmitt: Mikrokosmos.
300 Basedow: Vorstellung, §58, S. 80.
301 Schmitt: Mikrokosmos, S. 248.
302 Ebd.
303 Schmitt: Mikrokosmos, S. 259.
304 Basedow: Elementarwerk, S. 434.
305 Ebd.
306 Ebd., S. 440-441.
307 Dieser Abschnitt und die folgenden Passagen beziehen sich auf die drei Artikel, die über die Erziehungswirklichkeit am Philanthropin bis heute am besten Auskunft geben: B. Basedow: Die Entwicklung; B. Basedow: Untersuchungen; Schmitt: Versuchsschule.
308 Vgl. Basedow: Methodenbuch, S. 325
309 Ebd., S. 327.
310 Vgl. Mayer: Erziehung und Schulbildung, S. 194.
311 Basedow: Für Cosmopoliten, S. 22.
312 Ebd., S. 38f.
313 Teutscher Merkur, 1775/2, S. 134-151, hier S. 149-150.
314 Wieland: Briefe, S. 418f.
315 Kant: Vorlesung, S. 722f.
316 Kant: Aufsätze, S. 447.
317 Ebd., S. 448f.
318 Immanuel Kant an Christian Heinrich Wolke vom 28.3.1776. In: Kant's gesammelte Schriften, Bd. 10, S. 191.
319 Ebd., S. 192.
320 Goethe: Briefe, Bd. 1, S. 228.
321 Schummel: Fritzens Reise.
322 Ebd., S. 31f.
323 Ebd., S. 52.
324 Rochow: Kinderfreund.
325 Zur Wirkung von Rochows »Kinderfreund« vgl. Neugebauer: Absolutistischer Staat, S. 444-454.
326 Vgl. dazu Overhoff: Erziehung zur Menschenfreundschaft.
327 Unabhängigkeitserklärung, S. 214.
328 Ebd.
329 Ebd.
330 Ebd.
331 Über die Reaktionen der Zeitgenossen auf die Errichtung der Vereinigten Staaten von Amerika informieren am besten Dippel: Germany; Depkat: Amerikabilder.
332 Über Kants Sympathien für die amerikanische Unabhängigkeit vgl. Groß: Kant, S. 153f.
333 Vgl. Overhoff: Die transatlantischen Bezüge.
334 Büsch: Umständliche Nachricht, S. 144.
335 Basedow: Practische Philosophie, S. 747.

336 Basedow: Elementarwerk. Fritzsch nahm in seine kommentierte Neuausgabe des Elementarwerks von 1774 auch einige Textvarianten der zweiten Auflage von 1785 auf.
337 Basedow: Elementarwerk, S. 173.
338 Zu Franklins Einfluss auf die deutschen Aufklärer vgl. Overhoff: Franklin, bes. S. 9-23.
339 Schmohl: Nordamerika.
340 Wer die demokratischen Verhältnisse in den USA studieren wolle, so Biester, solle das von dem am Dessauer Philanthropin als Lehrer tätigen »bekannten Schmohl« verfasste Werk lesen: Berlinische Monatsschrift, Bd. 2, Oktober 1783, S. 12.
341 Schmohl: Nordamerika, S. 96.
342 Ebd.
343 Vgl. dazu Hosäus: Behrisch.
344 Staatsgesetze.
345 Basedow: Einer Philadelphischen Gesellschaft, Vorrede, S. III-V.
346 Vgl. dazu: Friedrich Gottlieb Klopstock: Vorrede zum zweiten Teil der geistlichen Lieder [1769], zit. n. Muncker: Klopstock, S. 271.
347 Friedrich Gottlieb Klopstock, Einleitung [zu »Geistliche Lieder. Erster Theil 1758], zit. nach Grutschnig-Kieser: Basedow, S. 187.
348 Vgl. dazu auch Overhoff: Amerikanisches Gesangbuch.
349 Basedow: Einer Philadelphischen Gesellschaft, Vorrede, S. VII.
350 Vgl. dazu Campe: Briefe, Bd. 1, S. 287-88.
351 Campe: Briefe, Bd. 1, S. 287.
352 Ebd.
353 Ebd.
354 Friedrich August Benzler an Christian Heinrich Wolke, 20.2.1781. In: Franke: Aus dem Nachlasse, S. 631.
355 Johann Friedrich Herel: Ode auf Amerika. In: Berlinische Monatsschrift, Bd. 1 (1783), S 386.
356 Campe: Briefe, Bd. 1, S. 362. Das Gesangbuch für Amerika erschien zur Ostermesse 1784.
357 Basedow: Einer philadelphischen Gesellschaft, S. 433.
358 Ebd., S. 189-190.
359 Campe: Briefe, Bd. 2, S. 117.
360 Campe: Briefe, Bd. 1, S. 193.
361 Ebd., S. 198.
362 Nietzold: Wolke, S. 106-107; Wolf: Wolke.
363 Koch: Sexualität, S. 46-50.
364 Erst später, in der Mitte der 1780er Jahre, kam es zu einem unrühmlichen Streit zwischen Basedow und Wolke, der allerdings im Kern privater Natur war. Vgl. dazu: Hirsch: Das meiste neue pädagogische Licht, S. 46.
365 Rathmann: Beyträge, S. 152.
366 Mayer: Erziehung und Schulbildung, S. 189.
367 Ebd., S. 200.

368 Vgl. ebd., S. 202.
369 Vgl. Perrey: Das Leben der Caroline Rudolphi.
370 Ebd.
371 Ebd., S. 201.
372 Ebd., S. 155.
373 Vgl. dazu im Detail Mai: Magdeburg.
374 Goeze: Mit der Postkutsche, S. 62. Die Elbquelle befindet sich im böhmisch-schlesischen Grenzland im Riesengebirge in der Nähe des heute in Polen gelegenen Ortes Szklarska Poręba, der vor 1945 Schreiberhau hieß.
375 Goeze: Mit der Postkutsche, S. 70.
376 Ein von Gerhard Ahrens herausgegebener Faksimile-Reprint dieser Ausgabe erschien 1982 in Hannover.
377 Goeze: Mit der Postkutsche, S. 70.
378 Overhoff: Frühgeschichte, S. 40.
379 Rathmann: Beyträge, S. 153.
380 Ebd.
381 Rathmann: Beyträge, S. 153-154.
382 Ebd., S. 165.
383 Ebd., S. 163.
384 Ebd., S. 164.
385 Ebd., S. 168.
386 Ebd., S. 170.
387 Schlichtegroll: Basedow, S. 116.
388 Ebd.
389 Rathmann: Beyträge, S. 194.
390 Dazu Overhoff: Festrede.
391 Campe: Briefe, Bd. 2, S. 448.
392 Vgl. dazu Overhoff: Diesterweg.
393 Vgl. Overhoff: »…aber mit Lust!«
394 Vgl. GG, Art. 7, Abs. 1.
395 Vgl. dazu den immer noch guten Überblick von Bellinger: Religionsunterricht.
396 Vgl. HmbSchG, §7,1.
397 Heike Schmoll: Ein Religionsunterricht für alle, S. 5.
398 Basedow: Für Cosmopoliten, S. 22.
399 Goethe, Dichtung und Wahrheit, Bd. 10, S. 30.

Anhang

Abkürzungen

AC	Archiv des Christianeums, Hamburg
ADB	Allgemeine Deutsche Biographie
DBL	Dansk Biografisk Leksikon
LAK	Landsarkivet for Sjælland, Lolland-Falster og Bornholm (Landesarchiv für Seeland, Lolland-Falster und Bornholm), Kopenhagen
LAS	Landesarchiv Schleswig-Holstein, Schleswig
RK	Rigsarkivet (Reichsarchiv), Kopenhagen
StA Hbg.	Staatsarchiv der Freien- und Hansestadt Hamburg
SUB Hbg.	Staats- und Universitätsbibliothek Hamburg

Quellen und Literatur

1) Archivalien

Reichsarchiv (Rigsarkivet), Kopenhagen
Danske Kancelli D 18, Sjællandske Registre 1753-1754, Nr. 25
Danske Kancelli, Sjællandske Missiver 454-55/1757
Danske Kancelli, Koncepter og Indlæg til Sjællandske Tegnelser 1757
Departmentet for udenrigske Anliggender: Koncepter til Gehejme Registraturen, 1771 maj-aug., lb.nr. 292
Partikulærkammer Regnskaber 1753, Nr. 1477
Privatarchiv 5129, Bernstorff-Wotersen

Landesarchiv für Seeland, Lolland-Falster und Bornholm (Landsarkivet for Sjælland, Lolland-Falster og Bornholm), Kopenhagen
Sorø Akademi og Skole, Examinations-Protocoll 1754-1780
Sorø Akademi og Skole, Lektions-Protocoll 1760-1778

Landesarchiv Schleswig-Holstein, Schleswig
Abt. 65.2 (Deutsche Kanzlei), Nr. 603, Schulsachen – Gelehrtenschulen – Altonaer Gymnasium [603: Lehrer am Gymnasio bis 1772 (Convolut 1 und Convolut 2)]
Abt. 65.2, Nr. 604 Christianeum. Rectoren des Pädagogii 1750-1767
Abt. 399.1191, Nr. 13. Testament des Josias von Qualen vom 25. Februar 1760 (beglaubigte Abschrift)

Staatsarchiv der Freien und Hansestadt Hamburg
362-1 Akademisches Gymnasium, B2 Acta et Documenta Gymnasii Hamburgensis
511-1 Bd. 1 Ministerium (Ministerial-Archiv) III A 1 v und Bd. 4

Staats- und Universitätsbibliothek Hamburg
CS8: Basedow
Sup Ep. 113, 124-126, 127, 128, 130-132

Archiv des Christianeums, Hamburg
M 7 Basedow
M 36
R 37
Index Praelectionum [...] Altona 1770 – siehe Fn. 293
Opuscula Nonnulla Professorum Christianei, Vol. 7-9

2) Periodika

Belustigungen des Verstandes und Witzes. Leipzig 1741-1745
Berlinische Monatsschrift. Berlin 1783-1796
Braunschweigisches Journal. Braunschweig 1788-1791
Briefe, die neueste Litteratur betreffend. Berlin 1759-1765
Göttingische Anzeigen von gelehrten Sachen. Göttingen 1753-1801
Lettres sur le Dannemarc. Kopenhagen 1757-1763
Mercure Danois. Kopenhagen 1753-1760
Neue Beyträge zum Vergnügen des Verstandes und Witzes. Leipzig/Bremen 1744-1751/59
Neue Zeitungen von gelehrten Sachen. Leipzig 1715-1784
Der Nordische Aufseher. Kopenhagen 1758-1761
Der Patriot. Hamburg 1724-1726
Teutscher Merkur. Weimar 1773-1789

3) Gedruckte Quellen

Das Album der Christian-Albrechts-Universität zu Kiel 1665-1865. Hg. von Franz Gundlach. Kiel 1915.
Bach, Adolf (Hg.): Goethes Rheinreise mit Lavater und Basedow im Sommer 1774. Dokumente. Zürich 1923.
Basedow, Johann Bernhard: Ausgewählte pädagogische Schriften. Hg. von Albert Reble. Paderborn 1965.
Basedow, Johann Bernhard: Bernhard aus Nordalbingien (oder Basedows) Vermächtniß für die Gewissen. Erster Theil. Für alle Gottesverehrer, auch die Nichtchristen; Zweyter Theil. Für Christliche Gottesverehrer und Zweif-

ler. Ein Lehrbuch der natürlichen Religion, auch zur Erinnerung und Erbauung. Dessau 1774.

Basedow, Johann Bernhard: Betrachtungen über die wahre Rechtgläubigkeit und die im Staate und in der Kirche nothwendige Toleranz. Altona 1766.

Basedow, Johann Bernhard: Elementarwerk mit den Kupfertafeln Chodowieckis u.a. [1774]. Kritisch bearbeitet in drei Bänden. Hg. von Theodor Fritzsch. Leipzig 1909. Nachdruck dieser Ausgabe: Hildesheim 1972.

Basedow, Johann Bernhard: Epistolae ad Michaelem Richeium II. Jo. Bern. Basedovi. Additis pueri nobilis octavum annum agentis epistolis III. non emendatis. Hamburg 1750.

Basedow, Johann Bernhard: Etwas aus dem Archive der Basedowischen Lebensbeschreibung [...]. Leipzig 1783.

Basedow, Johann Bernhard: Für Cosmopoliten etwas zu lesen, zu denken und zu thun. Leipzig 1775.

Basedow, Johann Bernhard: Haupt=Probe der Zeiten in Ansehung der Religion, Wahrheitsliebe und Toleranz. Berlin/Altona 1767.

Basedow, Johann Bernhard: Inusitata et optima honestioris iuventutis erudiendae methodus. Kiel 1752.

Basedow, Johann Bernhard: Kurze Nachricht, in wie ferne die Lehrart des Privat=Unterrichts, welche in meiner Disputation unter dem Titel: Inusitata [...] methodus, vorgeschlagen worden, wirklich ausgeübet sey, und was sie gewirket habe. Hamburg 1752.

Basedow, Johann Bernhard: Das Methodenbuch für Väter und Mütter der Familien und Völker. Altona/Bremen 1770.

Basedow, Johann Bernhard: Methodischer Unterricht der Jugend in der Religion und Sittenlehre der Vernunft. 2 Bde. Altona 1764.

Basedow, Johann Bernhard: Die Nothwendigkeit der Geschichts=Kunde. Hamburg 1746.

Basedow, Johann Bernhard: Einer Philadelphischen Gesellschaft Gesangbuch für Christen und für philosophische

Christgenossen [Germanien zur Zeit Kaiser Josephs des Zweiten]. Leipzig 1784.
Basedow, Johann Bernhard: Philalethie. Neue Aussichten in die Wahrheiten und Religion der Vernunft bis in die Grenzen der glaubwürdigen Offenbarung. 2 Bde. Altona 1764.
Basedow, Johann Bernhard Basedow: Philosophiske Pligter for dem, som vilde indgaa Ægteskab. Kopenhagen 1758.
Basedow, Johann Bernhard: Practische Philosophie für alle Stände. Kopenhagen/Leipzig 1758.
Basedow, Johann Bernhard: Rede über den frühzeitigen Tod des Freyherrn von Rosenkranz. In: Basedow: Reden, S. 130-155.
Basedow, Johann Bernhard: Reden über die glückselige Regierung Friedrichs des Fünften Königs in Dännemark und Norwegen. Nebst anderen Reden theils gehalten, theils übersetzt. Kopenhagen/Leipzig 1761.
Basedow, Johann Bernhard: Ueberzeugende Methode der auf das bürgerliche Leben angewendeten Arithmetik zum Vergnügen der Nachdenkenden und zur Beförderung des guten Unterrichts in den Schulen. Altona 1763.
Basedow, Johann Bernhard: Vergleichung der Lehren und Schreibart des Nordischen Aufsehers, und besonders des Herrn Hofprediger Cramers, mit den merkwürdigen Beschuldigungen gegen dieselben, in den Briefen die neueste Litteratur betreffend. Sorö 1760.
Basedow, Johann Bernhard: Versuch für die Wahrheit des Christentums als der besten Religion. Berlin/Altona 1766.
Basedow, Johann Bernhard: Vita (1752). In: A. Basedow: Basedow, S. 7-9.
Basedow, Johann Bernhard: Vom Unterrichte in der Theologie auf Ritterakademien gehalten an statt der ersten theologischen Vorlesung. In: ders.: Reden, S. 100-124.
Basedow, Johann Bernhard: Vorstellung an Menschenfreunde und vermögende Männer über Schulen und Studien und

ihren Einfluß in die öffentliche Wohlfahrt (1768). In: ders.: Ausgewählte pädagogische Schriften, S. 5-80.

Benzler, Friedrich August: Die merkwürdigsten Umstände aus meinem Leben zur Nachricht für meine Familie. Aufgesetzt im August und September 1807, fortgesetzt 1809. Diesdorf 1890.

Borkenstein, Hinrich: Der Bookesbeutel. Lustspiel [1741], hg. von Franz Ferdinand Heitmüller. Leipzig 1896.

Büsch, Johann Georg: Umständliche Nachricht von der Hamburgischen Handlungs-Akademie. Hamburg 1778. Abgedr. in: Johann Georg Büsch. Die Hamburgische Handlungs-Akademie. Hg. von Klaus Friedrich Pott/Jürgen Zabeck. Paderborn 2001, S. 69-154.

Campe, Joachim Heinrich: Briefe von und an Joachim Heinrich Campe, 2 Bde. Hg. von Hanno Schmitt/Anke Lindemann-Stark/Christophe Losfeld. Wiesbaden 1996/2008.

Cramer, Carl Friedrich: Klopstock. Er, und über ihn. Th. 1: 1724-1747. Hamburg 1780; Th. 2: 1748-1750. Dessau 1781; Th. 3: 1751-1754. Dessau 1782; Th. 4: 1755. Leipzig/Altona 1790; Th. 5: 1755. Leipzig/Altona 1792.

Crusius, Christian August: Anleitung über natürliche Begebenheiten ordentlich und vorsichtig nachzudencken. Leipzig 1749.

Crusius, Christian August: Weg zur Gewißheit und Zuverlässigkeit der menschlichen Erkenntnis. Leipzig 1747.

Fichte, Johann Gottlieb: Reden an die deutsche Nation [1808]. Mit einer Einl. hg. von Alexander Aichele. Hamburg 2008.

Franke, Otto: Aus dem Nachlasse des Dessauer Philanthropins. Eine Auswahl von Briefen. In: Jahrbücher für Philologie und Pädagogik 148 (1893), S. 266-276, 316-323, 372-378, 477-498, 541-548, 588-596, 624-640.

Friese (Frisius), Martin: Dissertatio theologica Friedericiana, qua [Dokimasian] ex hortationis irenicae ad unionem inter evangelicos et reformatos procurandam hodie factae instituit. Kiel 1722.

Friese (Frisius), Martin: Oratio secularis in memoriam Augustanae Confessionis. Kiel 1730.

Friis, Aage: Bernstorffske Papirer. Udvalgte breve og optegnelser vedrørende Familien Bernstorff i tiden fra 1732 til 1835. 2 Bde. Kopenhagen 1904.

Gellert, Christian Fürchtegott: Briefwechsel. Kritische Gesamtausgabe. Hg. von John F. Reynolds, Bd. 1ff. Berlin/New York 1983ff.

Gellert, Christian Fürchtegott: Leben der Schwedischen Gräfinn von G***. Hg. von Bernd Witte. Berlin/New York 1989.

Gellert, Christian Fürchtegott: Moralische Vorlesungen. Moralische Charaktere. Hg. von Sibylle Späth. Berlin/New York 1992.

Goethe, Johann Wolfgang von: Aus meinem Leben. Dichtung und Wahrheit. In: ders.: Werke (Hamburger Ausgabe in 14 Bänden), Bde. 9-10, 12., durchges. Aufl. Hg. von Erich Trunz. München 1994.

Goethe, Johann Wolfgang von: Briefe der Jahre 1764-1786. In: Goethes Briefe, Bd. 1. Hg. von Karl Robert Mandelkow. Hamburg 1964.

Goethe, Johann Wolfgang von: Briefe der Jahre 1786-1805. In: Goethes Briefe, Bd. 2. Hg. von Karl Robert Mandelkow. Hamburg 1964.

Goethe, Johann Wolfgang von: Faust. Eine Tragödie. In: ders.: Werke (Hamburger Ausgabe in 14 Bänden), Bd. 3, 12., durchges. Aufl. Hg. von Erich Trunz. München 1994.

Goeze, Johann August Ephraim: Mit der Postkutsche durch die Mark Brandenburg nach Reckahn. Eine kleine Reisebeschreibung zum Vergnügen der Jugend aus dem Jahr 1784. Hg. von Jürgen Overhoff und Hanno Schmitt. Bremen 2019.

Groß, Felix: Immanuel Kant: Sein Leben in Darstellungen von Zeitgenossen. Die Biographien von L.E. Borowski,

R.B. Jachmann und A. Ch. Wasianski. Darmstadt 1968 (Orig. Berlin 1912).

Gudme, Andreas Christopher: Schleswig-Holstein. Eine statistisch-geographisch-topographische Darstellung dieser Herzogtümer nach gedruckten und ungedruckten Quellen. Bd. 1. Kiel 1833.

Hagedorn, Friedrich von: Briefe. Hg. von Horst Gronemeyer. Berlin/New York 1997.

Herder, Johann Gottfried: Journal meiner Reise aus dem Jahr 1769. Hg. von Katharina Mommsen. Stuttgart 1976.

Herel, Johann Friedrich: Ode auf Amerika. In: Berlinische Monatsschrift, Bd. 1 (1783), S. 386.

Kant, Immanuel: Aufsätze, das Philanthropin betreffend. In: Kant's gesammelte Schriften, Bd. 2. Hg. von der Königlich Preußischen Akademie der Wissenschaften. Berlin 1905, S. 445-452.

Kant, Immanuel: Kant's Briefwechsel, Bd. 1: 1747-1788. In: Kant's gesammelte Schriften, Bd. 10. Hg. von der Königlich Preußischen Akademie der Wissenschaften. Berlin 1922.

Kant, Immanuel: Vorlesung über Anthropologie nach Friedländer. In: Kant's gesammelte Schriften, Bd. 25. Hg. von der Königlich Preußischen Akademie der Wissenschaften. Göttingen 1997.

Klefeker, Johann: Sammlung der Hamburgischen Gesetze und Verfassungen [...]. 12 Bde. Hamburg 1765-1773.

Klopstock, Friedrich Gottlieb: Arbeitstagebuch. Hg. von Klaus Hurlebusch. Berlin/New York 1977.

Klopstock, Friedrich Gottlieb: Werke und Briefe. Historisch-kritische Ausgabe. Hg. von Horst Gronemeyer/Elisabeth Höpker-Herberg/Klaus Hurlebusch/Rose-Maria Hurlebusch, Bd. 1ff. Berlin/New York 1974ff.

Klopstock, Friedrich Gottlieb: Der Messias. Gesang I-III. Text des Erstdrucks von 1748. Studienausgabe. Hg. von Elisabeth Höpker-Herberg. Stuttgart 1986.

Klopstock, Meta: Briefwechsel mit Klopstock, ihren Verwandten und Freunden. Hg. u. mit Erläuterungen versehen von Hermann Tiemann, 3 Bde. Hamburg 1956.
Leopold III. Friedrich Franz, Herzog und Fürst zu Anhalt; eine Gedächtnisschrift für die Anhaltische Jugend. Dessau 1840.
Lessing, Gotthold Ephraim: Gesammelte Werke, Bd. 9: Briefe. Hg. von Paul Rilla. Berlin 1957.
Locke, John: Gedancken von Erziehung junger Edelleute. Aus dem Englischen mit Anmerkungen von Sebastian Gottfried Starck. Greifswald 1708.
Locke, John: Herrn Johann Locks Unterricht von Erziehung der Kinder, aus dem Englischen [...]. Leipzig 1708.
Locke, John: Gedanken über Erziehung. Übersetzung, Anmerkungen und Nachwort von Heinz Wohlers. Stuttgart 1970.
Meier, Johann Christian: Johann Bernhard Basedow's Leben, Charakter und Schriften unparteiisch beurtheilt, 2 Bände. Hamburg 1791/92.
Moltke, Adam Gottlob von: Plan for Frederik den femtes Regering. In: Historisk Tidskrift, 4. Reihe, Band 4 (1873-1874), S. 43-64.
Niethammer, Friedrich Immanuel: Der Streit des Philanthropinismus und des Humanismus in der Theorie des Erziehungs-Unterrichts unsrer Zeit. Jena 1808.
Rathmann, Heinrich: Beyträge zur Lebensgeschichte Joh. Bernhard Basedows aus seinen Schriften und andern ächten Quellen gesammlet. Magdeburg 1791.
Reil, Friedrich: Leopold Friedrich Franz, Herzog und Fürst von Anhalt-Dessau. Dessau 1845.
Reimarus, Hermann Samuel: Apologie oder Schutzschrift für die vernünftigen Verehrer Gottes. Hg. von Gerhard Alexander, 2 Bde. Frankfurt a.M. 1972.
Rochow, Friedrich Eberhard von: Der Kinderfreund. Frankfurt a.M. 1776.

Rousseau, Jean-Jacques: Die Bekenntnisse. Mit einem Nachwort und Anmerkungen von Christoph Kunze. München 1981.

Schlichtegroll, Friedrich: Johann Bernhard Basedow. In: Nekrolog auf das Jahr 1790. Enthaltend Nachrichten von dem Leben merkwürdiger in diesem Jahre verstorbener Personen. Gesammelt von Friedrich Schlichtegroll, Bd. 2. Gotha 1791, S. 114-175.

Schmohl, Johann Christian: Über Nordamerika und Demokratie. Ein Brief aus England [1782]. Mit einem Nachwort herausgegeben von Reiner Wild. St. Ingbert 1992.

Schummel, Johann Gottlieb: Fritzens Reise nach Dessau. Leipzig 1776.

Schummel, Johann Gottlieb: Wilhelm von Blumenthal oder das Kind der Natur, eine deutsche Lebensgeschichte. 1. Theil. Leipzig 1780.

Staatsgesetze der dreyzehn vereinigten amerikanischen Staaten. Aus dem Französischen. Dessau 1785.

Die Unabhängigkeitserklärung, 4. Juli 1776, in der Fassung von Heinrich Möller. In: Angela und Willi Paul Adams (Hg.): Die Entstehung der Vereinigten Staaten und ihrer Verfassung. Dokumente 1754-1791. Münster 1995, S. 213-218.

Voltaire: Traité sur la tolerance [1763]. Hg. von René Pomeau. Paris 1989.

Wieland, Christoph Martin: Briefe der Weimarer Zeit (21. September 1772-31. Dezember 1777). Bearb. v. Hans Werner Seiffert. Berlin 1983.

Wolf, Friedrich August: Dritter Aufsatz der ›Skizzen zu einer Schilderung Winckelmanns‹ (1805). In: Goethe, Johann Wolfgang von: Sämtliche Werke (Münchner Ausgabe), Bd. 6.2. München 1988, S. 389-400.

4) Hilfsmittel und Nachschlagewerke

Allgemeine Deutsche Biographie, 56 Bde. Leipzig. 1875-1912.

Dansk Biografisk Leksikon, 3. Ausg., 16 Bde. Kopenhagen 1979-1984.

Hamburgische Biografie. Hg. von Dirk Brietzke/Franklin Kopitzsch, bisher 7 Bde. Hamburg/Göttingen 2001 ff.

Handbuch zur Kinder- und Jugendliteratur. Von 1750 bis 1800. Hg. von Theodor Brüggemann/Hans-Heino Ewers. Stuttgart 1982.

5) Literatur

Basedow, Armin: Johann Bernhard Basedow (1724-1790). Neue Beiträge. Ergänzungen und Berichtigungen zu seiner Lebensgeschichte. Langensalza 1924.

Basedow, Bernhard: Die Entwicklung des philanthropischen Erziehungsinstituts zu Dessau im Spiegel der Lehrer- und Schülerbewegung. In: Jahrbuch für Erziehungs- und Schulgeschichte 14 (1974), S. 219-238.

Basedow, Bernhard: Untersuchungen über die Entwicklung des Dessauer Philanthropinums und des Dessauer Erziehungsinstituts. In: Jahrbuch für Erziehungs- und Schulgeschichte 23 (1983), S. 30-61.

Bellinger, Andrea: Staatlicher und kirchlicher Religionsunterricht in den öffentlichen Schulen deutsch-schweizer Kantone. Ebikon 1999.

Billeskov Jansen, Frederik J.: Universität Kopenhagen und Ritterakademie Sorö. In: Klaus Bohnen/Sven-Aage Jørgensen (Hg.): Der dänische Gesamtstaat. Kopenhagen – Kiel – Altona. Tübingen 1992.

Boehart, William: Politik und Religion. Studien zum Fragmentenstreit (Reimarus, Goeze, Lessing). Schwarzenbek 1988.

Brandt, Reinhardt: John Locke. In: Jean-Pierre Schobinger (Hg.): Grundriss der Geschichte der Philosophie, Bd. 3,2

(Die Philosophie des 17. Jahrhunderts. England). Basel 1988, S. 607-713.
Brietzke, Dirk/Kopitzsch, Franklin/Nicolaysen, Rainer (Hg.): Das Akademische Gymnasium. Bildung und Wissenschaft in Hamburg 1613-1883. Berlin 2013.
Carlsen, Olaf: Über J.B. Basedows Entlassung von der Ritterakademie zu Sorö. Kopenhagen 1937.
Cedergreen Bech, Svend: Oplysning og Tolerance 1721-1784. Gyldendal og Politikens Danmarks Historie, Bd. 9. Kopenhagen 1970.
Cedergreen Bech, Svend: Struensee og Hans Tid. Kopenhagen 1972.
Czech, Hans-Jörg/Hirsch, Vanessa/Kopitzsch, Franklin (Hg.): 350 Jahre Altona. Von der Verleihung der Stadtrechte bis zur neuen Mitte (1664-2014). Dresden 2015.
Depkat, Volker: Amerikabilder in politischen Diskursen. Deutsche Zeitschriften von 1789 bis 1830. Stuttgart 1998.
Dippel, Horst: Germany and the American Revolution, 1770-1800. Chapel Hill, NC, 1977.
Feldbæk, Ole: Den lange fred (1700-1800). Gyldendal og Politikens Danmarks historie, Bd. 9. Kopenhagen 1990.
Feldbæk, Ole: Danmark-Norge 1380-1814, Bd. 4: Nærhed og adskillelse 1720-1814. Kopenhagen 1998.
Fertig, Ludwig: Christoph Martin Wieland als Weisheitslehrer. Darmstadt 1991.
Freimark, Peter: Die Dreigemeinde Hamburg – Altona – Wandsbek im 18. Jahrhundert als jüdisches Zentrum in Deutschland. In: Peter Freimark/Franklin Kopitzsch (Hg.): Spuren der Vergangenheit sichtbar machen. Beiträge zur Geschichte der Juden in Hamburg. Hamburg 1991, S. 59-70.
Grundgesetz für die Bundesrepublik Deutschland. Hg. von der Bundeszentrale für politische Bildung. Bonn 2019.
Grutschnig-Kieser, Konstanze-Mirjam/Kieser, Harro: Johann Bernhard Basedow (1724-1790) als Gesangbuchheraus-

geber und Kirchenliedverfasser. In: Europa in der Frühen Neuzeit. Festschrift für Günter Mühlpfordt, Bd. 7. Hg. von Erich Donnert. Köln/Weimar/Wien 2008, S. 187-199.

Hamburgisches Schulgesetz vom 16. April 1997, zuletzt geändert am 31. August 2018. Hg. von der Behörde für Schule und Berufsbildung. Hamburg 2018.

Hansen, Anne Haslund: Niebuhr's Museum. Artefacts and Souvenirs from the Royal Danish Expedition to Arabia 1761-1767. Kopenhagen 2016.

Herzig, Arno (Hg.) in Zusammenarbeit mit Saskia Rohde: Die Juden in Hamburg 1590 bis 1990. Wissenschaftliche Beiträge der Universität Hamburg zur Ausstellung »Vierhundert Jahre Juden in Hamburg«. Hamburg 1991.

Hirsch, Erhard: Die Dessau-Wörlitzer Reformbewegung im Zeitalter der Aufklärung. Personen – Strukturen – Wirkungen. Tübingen 2003.

Hirsch, Erhard: »Das meiste neue pädagogische Licht ist von Dessau ausgegangen«. Zum 275. Geburtstag Basedows und 225. Gründungstag des Dessauer Philanthropins. In: Jörn Garber (Hg.): »Die Stammutter aller guten Schulen«. Das Dessauer Philanthropinum und der deutsche Philanthropismus 1774-1793. Tübingen 2008, S. 23-82.

Hirsch, Erhard: Dessau-Wörlitz. Aufklärung und Frühklassik. Halle/Saale 2006.

Hosäus, Wilhelm: Ernst Wolfgang Behrisch. Ein Bild aus Goethe's Freundeskreise. In: Mitteilungen des Vereins für Anhaltische Geschichte und Altertumskunde 3 (1883), S. 492-547.

Kelter, Edmund: Hamburg und sein Johanneum im Wandel der Jahrhunderte 1529-1929. Hamburg 1928.

Koch, Friedrich: Christian Fürchtegott Gellert: Poet und Pädagoge der Aufklärung. Weinheim 1992.

Koch, Friedrich: Sexualität, Erziehung und Gesellschaft. Von der geschlechtlichen Unterweisung zur emanzipatorischen Sexualpädagogik. Frankfurt a.M. u.a. 2000.

Kopitzsch, Franklin: Altona. Epochen und Facetten einer Stadtgeschichte. In: Czech/Hirsch/Kopitzsch: 350 Jahre Altona, S. 16-37.

Kopitzsch, Franklin: Grundzüge einer Sozialgeschichte der Aufklärung in Hamburg und Altona. 2. ergänzte Aufl. Hamburg 1990.

Kopitzsch, Franklin: Johann Samuel Müller. Ein Rektor des Johanneums im Zeitalter der Aufklärung. In: 450 Jahre Gelehrtenschule des Johanneums zu Hamburg. Hamburg 1979, S. 31-34.

Krüger, Kersten: Johann Friedrich Struensee und der Aufgeklärte Absolutismus. In: Hartmut Lehmann/Dieter Lohmeier (Hg.): Aufklärung und Pietismus im dänischen Gesamtstaat 1770-1820. Neumünster 1983, S. 11-36.

Lohmeier, Dieter: Kopenhagen als deutsches Kulturzentrum des 18. Jahrhunderts. In: Festschrift für Erich Trunz zum 90. Geburtstag. Vierzehn Beiträge zur deutschen Literaturgeschichte. Hg. von Dietrich Jöns/Dieter Lohmeier. Neumünster 1998, S. 167-198.

Lüth, Erich: Aus der Geschichte der Hamburger Juden. In: Freimark/Kopitzsch: Spuren der Vergangenheit sichtbar machen, S. 51-58.

Magon, Leopold: Ein Jahrhundert geistiger und literarischer Beziehungen zwischen Deutschland und Skandinavien 1750-1850, Bd. 1: Die Klopstockzeit in Dänemark. Dortmund 1926.

Mai, Bernhard/Mai, Christiane: Festung Magdeburg. Dößel 2006.

Martens, Wolfgang: Die Botschaft der Tugend. Die Aufklärung im Spiegel der deutschen Moralischen Wochenschriften. Stuttgart 1968.

Martens, Wolfgang: Zur Einführung: Das Bild Leipzigs bei den Zeitgenossen. In: ders. (Hg.): Zentren der Aufklärung, Bd. 3: Leipzig. Aufklärung und Bürgerlichkeit. Heidelberg 1989, S. 13-22.

Mayer, Christine: Erziehung und Schulbildung für Mädchen. In: Notker Hammerstein/Ulrich Hermann (Hg.): Handbuch der deutschen Bildungsgeschichte, Bd. II, 18. Jahrhundert. München 2005.

Müller, Friedrich Max: Johann Bernhard Basedow. In: Allgemeine Deutsche Biographie, Bd. 2. Leipzig 1875, S. 113-124.

Muncker, Friedrich: Friedrich Gottlieb Klopstock. Geschichte seines Lebens und seiner Schriften. Berlin 1888.

Neugebauer, Wolfgang: Absolutistischer Staat und Schulwirklichkeit in Brandenburg-Preußen. Berlin 1985.

Niedermeier, Michael: Das Gartenreich Dessau-Wörlitz als kulturelles und literarisches Zentrum um 1780. Dessau 1995.

Nietzold, Franz Ferdinand: Wolke am Philanthropin zu Dessau. Ein Beitrag zur Geschichte der Pädagogik im achtzehnten Jahrhundert. Grimma 1890, S. 106-107.

Overhoff, Jürgen: »...aber mit Lust!« Das Lernen als Kinderspiel: Wäre man Johann Bernhard Basedows Reformpädagogik treu geblieben, hätte Deutschland in der Pisa- und Iglu-Studie wahrscheinlich besser abgeschnitten. In: DIE ZEIT, Jg. 2003, Nr. 16 vom 10. April, S. 94.

Overhoff, Jürgen: Johann Bernhard Basedows »Amerikanisches Gesangbuch«: Ein philadelphischer Traum. In: Schmitt/Böning: Dessau-Wörlitz und Reckahn, S. 143-157.

Overhoff, Jürgen: Johann Bernhard Basedow und das Gymnasium Christianeum. Von der Bedeutung Altonas für die Aufklärungspädagogik. In: Czech/Hirsch/Kopitzsch: 350 Jahre Altona, S. 96-105.

Overhoff, Jürgen: Benjamin Franklin. Erfinder, Freigeist, Staatenlenker. Stuttgart 2006.

Overhoff, Jürgen: Adolph Diesterweg und die Rezeption der deutschen Aufklärungspädagogik im Vormärz (1832-1847), in: Iwan Michelangelo D'Aprile/Joachim Gessinger/Thomas Gil (Hg.): Transformationen der Vernunft. Aspekte und Wirkungsgeschichte der Aufklärung. Hannover 2008, S. 9-24.

Overhoff, Jürgen: Erziehung zur Menschenfreundschaft und Toleranz: Rochows Beziehungen zu Gellert und Basedow. In: Schmitt/Tosch: Vernunft fürs Volk, S. 129-137.

Overhoff, Jürgen: Festrede zur Einweihung des Magdeburger Basedow-Denkmals am 9. Mai 2015. In: Philanthropinum, Heft 33 (2015), S. 7-10.

Overhoff, Jürgen: Die Frühgeschichte des Philanthropismus (1715-1771). Konstitutionsbedingungen, Praxisfelder und Wirkung eines pädagogischen Reformprogramms im Zeitalter der Aufklärung. Tübingen 2004.

Overhoff, Jürgen: Die transatlantischen Bezüge der hamburgischen Aufklärung (1757-1817): Von Blitzableitern, Kommerz und republikanischen Idealen. In: Zeitschrift des Vereins für Hamburgische Geschichte 103 (2017), S. 57-84.

Overhoff, Jürgen: William Penn, der weltkluge Visionär. In: William Penn. Früchte der Einsamkeit. Hg. von Jürgen Overhoff. Stuttgart 2018, S. 13-85.

Overhoff, Jürgen: Christian Detlev von Reventlow. In: Dirk Brietzke/Franklin Kopitzsch (Hg.): Hamburgische Biografie, Bd. 7. Göttingen 2019, S. 278-280.

Overhoff, Jürgen/Kopitzsch, Franklin: Der deutsch-dänische Kulturaustausch im Bildungswesen (1746-1800). In: Das Achtzehnte Jahrhundert 25 (2001), 2, Themenheft: Deutsch-dänischer Kulturtransfer im 18. Jahrhundert, S. 184-196.

Perrey, Gudrun: Das Leben der Caroline Rudolphi (1753-1811). Erzieherin – Schriftstellerin – Zeitgenossin. Heidelberg 2010.

Riedel, Emil: Schuldrama und Theater. Ein Beitrag zur Theatergeschichte. In: Karl Koppmann (Hg.): Aus Hamburgs Vergangenheit. Kulturhistorische Bilder aus verschiedenen Jahrhunderten. Hamburg/Leipzig 1885, S. 181-251.

Schmidt-Biggemann, Wilhelm: Hermann Samuel Reimarus. Handschriftenverzeichnis und Bibliographie. Göttingen 1979, S. 28-34.

Schmidt-Biggemann, Wilhelm: Hermann Samuel Reimarus. In: Walther Killy (Hg.): Literaturlexikon. Autoren und Werke deutscher Sprache. Bd. 9, Gütersloh 1991, S. 351-352.

Schmitt, Hanno/Böning, Holger (Hg.): Dessau-Wörlitz und Reckahn. Treffpunkte für Aufklärung, Volksaufklärung und Philanthropismus. Bremen 2014.

Schmitt, Hanno: Ein Mikrokosmos des Wissens. Das Basedowsche Elementarwerk. In: ders.: Vernunft und Menschenfreundschaft. Studien zur philanthropischen Erziehungsbewegung. Bad Heilbrunn 2007, S. 244-259.

Schmitt, Hanno: Resultate der Philanthropismusforschung: Bildungshorizonte, Netzwerke, Internationalität. In: ders./ Holger Böning/Werner Greiling/Reinhart Siegert (Hg.): Die Entdeckung von Volk, Erziehung und Ökonomie im europäischen Netzwerk der Aufklärung. Bremen 2011, S. 391-408.

Schmitt, Hanno/Tosch, Frank (Hg.): Vernunft fürs Volk. Friedrich Eberhard von Rochow (1734-1805) im Aufbruch Preußens. Berlin 2001.

Schmitt, Hanno: Versuchsschule vor 200 Jahren. Ein Besuch am Dessauer Philanthropin. In: Jörn Garber (Hg.): »Die Stammutter aller guten Schulen«. Das Dessauer Philanthropinum und der deutsche Philanthropismus 1774-1793. Tübingen 2008, S. 169-177.

Schmoll, Heike: Ein Religionsunterricht für alle Konfessionen. Einigung in Hamburg. In: Frankfurter Allgemeine Zeitung Nr. 2, 3.1.2020, S. 5.

Spalding, Almut/Spalding, Paul: Der rätselhafte Tutor bei Hermann Samuel Reimarus. Begegnung zweier radikaler Aufklärer in Hamburg. In: Zeitschrift des Vereins für Hamburgische Geschichte 87 (2001), S. 49-64.

Steiger, Johann Anselm (Hg.): Das Akademische Gymnasium zu Hamburg (gegr. 1613) im Kontext frühneuzeitlicher Wissenschafts- und Bildungsgeschichte. Berlin 2017.

Stockhorst, Stefanie: Das ›frühere Vorurteil‹. Lessings Kritik an Cramer und dem Nordischen Aufseher (1759-1761) als Reflex der Auseinandersetzung mit Mylius. In: dies./ Søren Peter Hansen (Hg.): Deutsch-dänische Kulturbeziehungen im 18. Jahrhundert. Göttingen 2019, S. 83-104.

Stroh, Wilfried: Latein ist tot, es lebe Latein! Kleine Geschichte einer großen Sprache. Berlin 2007.

Tenorth, Heinz-Elmar: Klassiker der Pädagogik, Bd. 1, Von Erasmus bis Helene Lange. München 2003.

Tiemer, Helmut: Das Gut Borghorst mit den Familien Qualen und Hamann als Besitzern. In: Jahrbuch der Heimatgemeinschaft des Kreises Eckernförde 27 (1969), S. 124-138.

Tonelli, Giorgio: Einleitung in Leben und Werk des Christian August Crusius. In: Christian August Crusius: Anweisung vernünftig zu leben. Hildesheim 1969 [Nachdruck der Ausgabe 1744], S. VII-LXV.

Tonelli, Giorgio: Der Streit über die mathematische Methode in der ersten Hälfte des XVIII. Jahrhunderts und die Entstehung von Kants Schrift über die ›Deutlichkeit‹. In: Archiv für Philosophie 9 (1959), S. 37-66.

Vollhardt, Friedrich: Gotthold Ephraim Lessing. Epoche und Werk. Göttingen 2018.

Wieckenberg, Ernst-Peter: Johan Melchior Goeze. Hamburg 2008.

Winkle, Stefan: Johann Friedrich Struensee. Arzt, Aufklärer und Staatsmann. Beitrag zur Kultur-, Medizin- und Seuchengeschichte der Aufklärungszeit. Stuttgart 1983.

Wolf, Ursula: Christian Heinrich Wolke. Ein Pädagoge der Aufklärungszeit. Dessau 2004.

Zierer, Klaus/Saalfrank, Wolf-Thorsten: Zeitgemäße Klassiker der Pädagogik. Leben – Werk – Wirken. Paderborn 2010.

Dank

Jedes Buch hat eine eigene und unverwechselbare Entstehungsgeschichte. Den Wunsch, eine Basedow-Biografie zu schreiben, hegte ich erstmals vor fünfzehn Jahren. Damals wurde mir bei meinen Recherchen zur Aufklärungspädagogik und während der Niederschrift meiner Habilitationsschrift über die Frühgeschichte des Philanthropismus bewusst, welche einzigartige Bedeutung der Hamburger Bildungsreformer Johann Bernhard Basedow für das allmähliche Werden einer aufgeklärten, freiheitlichen und toleranten Gesellschaft im Deutschland des 18. Jahrhunderts hatte. Vielfältige akademische Aufgaben und immer neue wissenschaftliche Projekte hielten mich jedoch Jahr um Jahr von der erhofften Umsetzung meines Planes ab – obgleich ich im Laufe der Zeit immerhin sehr viele Detailstudien zu Basedow und der von ihm entwickelten philanthropischen Aufklärungspädagogik veröffentlichen konnte. Daher geht mein besonders herzlicher Dank an Dr. Sigrid Schambach, die mich vor zwei Jahren im Nachgang zu einem längeren Gespräch darum bat, die Basedow-Biografie für die Reihe Hamburgische Lebensbilder des Vereins für Hamburgische Geschichte zu schreiben. Erfreut stimmte ich zu, zumal der Vorsitzende des Vereins, Prof. Dr. Rainer Nicolaysen, mir ebenfalls seine Unterstützung zusagte. Auch ihm bin ich dafür sehr dankbar sowie der Hamburgischen Wissenschaftlichen Stiftung, die den Druck der Biografie substantiell mit einem Druckkostenzuschuss gefördert hat.

Ich betrachte es zudem als Glücksfall, dass die Reihe Hamburgische Lebensbilder im Göttinger Wallstein Verlag erscheint. Gerne denke ich an das vor Jahresfrist geführte Gespräch mit dem Verleger Prof. Thedel v. Wallmoden zurück, in dem der engagierte Publizist mir anschaulich und ausführlich vor Augen führte, wie wichtig ihm die Themen der Aufklärung für die Grundlegung und Ausgestaltung des Verlagsprogramms von jeher waren und noch immer sind. Mein großer Dank gilt daher auch ihm. Für das überaus umsichtige Verlagslektorat danke ich zu gleichen Teilen Andrea Knigge und Caroline Weinrich. Prof. Dr. Franklin Kopitzsch, der den ersten Manuskriptentwurf im Auftrag des Vereins für Hamburgische Geschichte als Zweitleser sichtete, danke ich – wie auch noch einmal Dr. Sigrid Schambach – für die sorgfältige Lektüre, die wertvollen Kommentare und die vielen weiterführenden Anmerkungen. Allen Mitarbeiterinnen und Mitarbeitern der im Literaturverzeichnis und im Bildnachweis aufgeführten Bibliotheken und Archive danke ich für das freundliche Bereitstellen der von mir benutzten Quellen und der erbetenen Bildrechte. Schließlich danke ich meiner studentischen Mitarbeiterin im Arbeitsbereich Historische Bildungsforschung an der Westfälischen Wilhelms-Universität Münster, Rebekka Gibbels, für ihr Mitwirken bei der Bildbeschaffung und bei der Erstellung des Registers.

Register

Kursiv gesetzte Zahlen verweisen auf Einträge in den Anmerkungen. Jahresangaben in spitzen Klammern beziehen sich auf die Wirkungszeit der Person.